die Worte die Bilder das Kind

Mario Grasso

Günther Stiller

»Wo ist jetzt noch vorne und hinten? Nur zu, das wird sich schon finden. Und manchmal knackt das Eis.« – Für den Sonderdruck *Gugummer geht über den See* (1966) fertigte Günther Stiller vier Handätzungen, hier eine davon.

Hans-Joachim Gelberg

die Worte die Bilder das Kind

Über Kinderliteratur
Vorwort von Christine Nöstlinger

BELTZ
& Gelberg

Das Titelbild von Klaus Steffens
erschien zuerst als Illustration in *Dieser Hund heißt Himmel*,
Tag- und Nachtgeschichten von Jürg Schubiger (1978)

für Barbara

www.beltz.de

in der Verlagsgruppe Beltz · Weinheim und Basel

Einbandgestaltung von Bettina Feser
unter Verwendung eines Bildes von Klaus Steffens
Gesamtherstellung: Druckhaus Beltz, Hemsbach
Printed in Germany
ISBN 3 407 79904 7

Vorwort

Das Vorwort für ein Buch zu schreiben, dessen Autor immer noch regierender Vorwort-Nachwort-Meister ist, verunsichert sowieso gewaltig, zudem muss ich mich redlicherweise auch einer »kritischen Würdigung« enthalten, weil fast vier Jahrzehnte der liebenden Nähe meinen klaren Blick getrübt haben. Was ich andienen kann, ist bloß eine kunterbunte, erinnerungsselige Liebeserklärung, aber Liebeserklärungen kann man schließlich nie genug haben. Also denn: Es wird wohl so drei Jahrzehnte her sein, dass Jochen Gelberg, öffentlich darüber sinnend, was Kinderliteratur im besten Falle vermag, meinte, sie könne »Kindern andere Augen einsetzen«. Womit er in einem winzigen Satz alles untergebracht hatte, was damals von der fortschrittlichen Fraktion all derer, die schreibend, lektorierend und kritisierend mit Kinderbüchern zu tun hatten, in ellenlangen Referaten und Diskussionen kundgetan worden war.

Zumindest empfand ich es so und nahm es für meine Arbeit als Auftrag, dessen ungeachtet, dass mir tagtäglich der Tucholsky-Sager »Mit zehn Fingern auf der Schreibmaschine kann man die Welt nicht verändern« in Leuchtschrift durchs Hirn flimmerte. Aber die warnende Leuchtschrift hatte keine Chance, sich gegen Jochens mitreißenden Buchmacher-Elan durchzusetzen, und so schloss mein Kopf mit mir halt den Kompromiss: »Probieren kannst du es immerhin!«

Es ist mir ja auch gar nichts anderes übrig geblieben, denn Jochen war von Anfang unserer Bekanntschaft an, die rapide in eine Freundschaft ausartete, kein diskret zuwartender Lektor. Keiner von der Sorte, die anruft und ein Manuskript bestellt und dann geduldig ein Jahr zuwartet, ob das Manuskript kommt, und wenn es kommt, ob es etwas taugt. Jochen war immer, soweit es meine Erfahrung mit ihm angeht, ein gewaltiger Drängler. Kein autoritärer, ein sanftmütiger, lammfrommer Drängler! Ein wöchentlicher Anrufer, der nachfragt, was man in den vergangenen sieben Tagen geleistet habe. Und sein einfühlsames »Wie kommst du voran?« und »Was macht unser Buch?« ließ sich von mir unmöglich mit »Ich habe nicht dran gearbeitet!« beantworten. Weil er mir sehr dezent aber sehr beeindruckend vermittelte, dass ich ihm arges Seelenleid zufüge, wenn ich nicht seinen Verleger-Plänen entsprechend arbeite.

Übrigens war er auch von Eifersucht nicht frei. Dass ich meine drei Verlage reihum bediente, sah er – auch wenn er es leugnen sollte – als kränkende Untreue. Und das ist zu verstehen. Schließlich war seine Beziehung zu seinen Autorinnen und Autoren auch eine wesentlich intensivere als normalerweise in dem Metier üblich. Er liebte nicht nur die Bücher, die er verlegte, er liebte auch die Verfasser dieser Bücher, und das selbst dann, wenn es sich um problematische, wenig liebenswerte Personen handelte. Na sicher! Kinderbuchautoren sind nicht immer nette Menschen. Talent und Charakter sind ja keine siamesischen Zwillinge.

Drängeln erzeugt Druck, und Druck erzeugt – wenigstens bei mir – Leistung. Nach seinen ersten drei Anrufen hatte ich wenigstens den Anfang einer Geschichte parat, nach dem zwölften, dreizehnten Anruf konnte ich ihm bereits, etwas übertreibend, berichten, dass ich die Hälfte der Geschichte schon geschrieben habe, und sagte ich ihm hin und wieder, dass ich nicht wirklich gut vorankomme und unzufrieden mit mir und meiner Arbeit bin, fragte er: »Soll ich kommen?«

Und dann kam er hurtig angeflogen, und ich erzählte ihm von meinem Schreib-Problem, und er hörte einfühlsam zu, und während ich redete, wurde mir – ohne dass er etwas einwendete oder vorschlug – klar, wie dieses Problem zu lösen ist und ich mit der Arbeit wieder gut weiterkomme. Möglicherweise wäre das auch so gelaufen, hätte ich einem anderen aufmerksamen Lauscher mein Schreib-Problem referiert. Aber ich war stets eine einsame Arbeiterin und nicht willens, mich mitzuteilen. Jochen Gelberg war der einzige Mensch, für den das nicht zutraf. Wahrscheinlich deshalb, weil es nicht um »mein« Buch, sondern um »unser« Buch ging.

Zweimal in unserer jahrzehntelangen Zusammenarbeit begnügte sich Jochen nicht mit dem animierenden, klärenden Lauschen, sondern mutete mir Gewaltiges zu. Jochen liebt Bilder nämlich nicht weniger als Texte, und die Bilder, die er liebt, möchte er in hoher Auflage veröffentlicht wissen. Also brachte er mir einmal einen Packen wunderbar rätselhafter Fritz Waechter-Zeichnungen, und einmal einen Packen nicht minder wunderbarer, rätselhafter Jörg Wollmann-Zeichnungen und sagte: »Um die Bilder wäre es doch schade. Schreib mir eine Geschichte dazu!«

Ich habe wie immer brav getan, was er sich von mir gewünscht hat, obwohl es sich im Grunde um eine arge Zumutung gehandelt hat, weil es sauschwer ist, die Phantasie eines anderen mit der eigenen unter einen Hut zu bringen. Aber Jochen hat halt wieder einmal recht gehabt! Müsste ich die Bücher nennen, die mir am besten gelungen sind, wären »Hugo, das Kind in den besten Jahren« und »Der gefrorene Prinz« dabei.

Man konnte sich eben stets darauf verlassen, dass sich Jochen von seinen Autoren nichts wünschte, was ihnen und ihrer Arbeit nicht gut tun würde. Dieses felsenfeste Vertrauen zu ihm hatte ich von unserer ersten Begegnung an. Die fand auf einer Tagung in Urach auf der verschneiten Schwäbischen Alb vor sechsunddreißig – oder siebenunddreißig? – Jahren statt. Welche um Kinderbücher bemühte Vereinigung da tagte, habe ich vergessen.

Ich hatte mein erstes Kinderbuch gerade fertig geschrieben und der Verlag für Jugend & Volk wollte es demnächst drucken. Und Jochen wollte demnächst den Verlag wechseln, um beim Beltz-Verlag ein Kinderliteratur-Programm aufzubauen, und so baute er klarerweise vor und bestellte einen Baustein für sein erstes Programm bei mir.

Wir zwei beide haben also zusammen »ganz klein angefangen« und wir haben ziemlich rasch gemeinsam Erfolg gehabt. Wobei zu sagen ist: Damals war die Zeit danach, dass es leicht war, mit »fortschrittlicher Kinderliteratur«, mit »emanzipatorischen Kinderbüchern« Beachtung zu finden. Was Kinder lesen sollten, darüber wurde allerorten allerheftigst gestritten, das Ende der »heilen Welt« im Kinderbuch war angesagt und wollte von vielen nicht hingenommen werden. Der Streit war gewaltig, und gewaltiger Streit bringt Aufmerksamkeit, weit über die kindertümlich befasste Szene hinaus. Wer heute Kinderbücher schreibt oder verlegt, hat es wesentlich schwerer, als wir es hatten. Der Inhalt und die Sprache von Kinderbüchern ist längst nicht mehr von öffentlichem Interesse. Als gutes Kinderbuch gilt jetzt eines, das gut verkauft wird, weil ein solches wenigstens die Lese-Kompetenz der Pisa-Nieten fördert. Heutzutage verlegt auch kein Verlag mehr Bücher eines Autors, die sich schlecht verkaufen, bloß weil der Verleger an den Autor glaubt und darauf hofft, dass sich dessen Qualität schon irgendwann einmal durchsetzen werde.

Aber die »günstige Zeit« allein war es wahrlich nicht, die Jochen Gelberg zum Verleger-Star machte. Der Mann lebte einfach von früh bis spät für die Kinderliteratur, und in der Nacht – nehme ich an – träumte er von ihr. Und daran hat sich bis heute nicht viel geändert. Jochen zu treffen und sich vorzunehmen, diesmal nicht lang und breit über Kinderbücher zu reden, ist müßig. Egal, welches Gesprächsthema man auch anschneidet, nach seiner Meinung gebührendem Ausharren kratzt er geschickt die Kurve und landet flugs wieder bei der Kinderliteratur.

Und wirklich alt geworden ist der Kerl trotz seiner fünfundsiebzig Jahre ja auch nicht, denn so gescheit, gebildet und welterfahren er ist, er staunt das Leben mit kugelrunden Kinderaugen an. Er ist der größte Stauner, den ich kenne, und zum Beleg habe ich ein klitzekleines Beispiel parat.

Vor etlichen Jahren erzählte er mir ganz aufgeregt am Telefon, dass sein Babyenkel Leon eine ganz-ganz-ganz tolle Leistung vollbracht habe. Bäuchlings auf einer Decke liegend, habe sich Leon ein nach der Fütterung auf der Decke liegen gebliebenes Kuchenbröckerl in den Mund gesteckt! Und das sei doch wirklich zum Staunen, dass so ein Winzling erstens wisse, dass Kuchenbröckerln in den Mund gehören, und es zweitens schaffe, sie selbstständig dorthin zu transportieren, also genau wisse, wo sein Mund ist!

Ich habe ihn zuerst einmal ausgelacht, wie das Frauen, die mehrere Kinder großgezogen haben, halt so tun. Aber dann habe ich die Sache überdacht und bin zum Schluss gekommen: Recht hat er! Über diese Babyleistung ist Staunen angebracht, und wer das nicht erkennt, ist ein Ignorant.

Ehrgeiz und Streben nach Anerkennung sind Jochen Gelberg keineswegs wesensfremd, und darum müssen wir alle, die wir ihm viel zu verdanken haben, dankbar sein, dass er zwar immer ein sehr guter Tischtennisspieler war, aber gottlob keiner von Weltmeisterschafts-Qualität. Denn hätte er die gehabt, wäre es nicht ausgeschlossen, dass er seine Karriere anders angelegt hätte, und dass ihm jetzt statt der vereinigten Kinderbuch-Herrschaften die Chefitäten der Pingpong-Vereine zum fünfundsiebzigsten Geburtstag ein Loblied singen. Womit ich sagen will: Er war immer einer, der seine Fähigkeiten gekannt und perfektioniert hat, und das wird er garantiert weiter tun, hoffentlich noch sehr, sehr lange.

Und zuletzt hätte ich noch eine Empfehlung für ihn: Wie wär's, geliebter Jochen, wenn du dich hinhockst und dir zur Belohnung für ein arbeitsreiches Leben das Kinderbuch selber schreibst, das du dir jahrzehntelang von einem deiner Autoren erhofft, aber nie bekommen hast?

Christine Nöstlinger
Mai 2005

Lesen – Bücher – Bilder – Kinder

Vier Stichwörter wurden mir geschickt: *Lesen – Bücher – Bilder – Kinder!* – Jedes dieser Stichwörter verdiente einen ausführlichen Vortrag. Ich aber möchte nur zu einer kleinen Nachdenkerei einladen. Und möchte Beispielhaftes hinzufügen. Das Ganze können wir dann, mit einer Prise Humor versehen, gemeinsam gut verrühren, damit es uns bekommt.

Die Welt ist, wie sie ist, heißt es. Das stimmt natürlich nicht. Sie ist jeden Tag anders. Man kann es vielleicht nicht erklären, aber fragen möchte man schon, warum in dieser wandlungsschnellen Welt, die sich doch unzweifelhaft in einer wissenschaftlich-technologischen Euphorie-Falle befindet, warum wir darauf beharren und so altmodisch sind, unseren Kindern immer noch Geschichten und dazu noch Bilder anzubieten? Haben Geschichten und ihre Bilder überhaupt noch eine Zukunft?

Die Antwort ist einfach (das Einfache ist ja oft das Schwerste): »Je moderner die Welt wird, desto unvermeidlicher wird das Erzählen.« (Odo Marquard) Kein Mensch begreift, was er erlebt, solange er nicht davon erzählen kann. Jeder hat seine eigene Geschichte. Deshalb werden immer neue Geschichten geschrieben. Und alle Geschichten und Bilder tragen ein menschliches Antlitz. In die Zukunft gedacht, verweist Stanislav Lem (der große Zukunftserzähler) darauf, woran man zukünftig einen den Menschen ersetzenden Roboter mühelos erkennen kann. Man erzähle ihm eine Geschichte und er wird sie perfekt genau so wiederholen. Menschenart ist das nicht! Jeder Mensch erzählte zwar nach dem ursprünglichen Muster, ließe aber manches weg, dichtete weiter, färbte um und so weiter und dies von Mal zu Mal anders und passte sich – erzählend – seinen Zuhörern an. Damit auch sie fühlen, was an der Geschichte gut und schön ist.

Schönheit kann man nicht definieren, im wirklichen Leben nicht und schon gar nicht in der Literatur, auch nicht in Bildern; aber sie wirkt. »Das Schöne lässt sich nicht erklären, aber man spürt genau, wenn etwas wirklich schön ist«, so lesen wir in Gioconda Bellis Geschichte *Die Werkstatt der Schmetterlinge*. Woran erkennt man nun eine gute Geschichte? Vielleicht kann man gute Geschichten, noch bevor sie den Kopf erreichen, im Bauch oder irgendwo im Rücken spüren. Ich weiß es nicht und habe doch viele gute Geschichten sofort erkannt.

Geschichten (und Bilder) für Kinder haben zudem etwas Besonderes. Vielleicht ist der Unterschied zu anderen, gewöhnlichen Geschichten gar nicht so groß. Theoretiker haben da allerdings eine andere, strengere Einschätzung, eine Lehrmeinung sozusagen. Dabei kommt es doch nur auf die Wirkung an, die eigentlich bei einem selbst liegt. Ein Buch, das Sie nicht mögen, machen Sie doch am besten gleich zu, spätestens nach der zehnten Seite. Aber viele bringen genau das nicht fertig, weil sie meinen, das gehört sich nicht.

Kinder sind ja meist darauf angewiesen, dass man ihnen etwas gibt. Natürlich gibt es auch Kinder, die sich etwas nehmen. Bücher zum Beispiel, die gar nicht für sie bestimmt sind. Und das sind oft die besten Bücher. Ich habe mal eine Umfrage bei Autoren gemacht, welche Bücher sie in ihrer Kindheit besonders beeindruckt haben. Nun, es waren meist ausgewiesene (auch verbotene) Erwachsenenbücher. Das war aber nur eine Zwischenbemerkung! Literaturen für Kinder haben ohne Zweifel einen anderen, ganz eigenen Reiz. Wir betreten Räume, die wir sonst nie gesehen hätten. Logisch, ohne Kinder gäbe es diese Literatur nicht. Das muss man sich mal vorstellen: Unter den jährlichen 80.000 Neuerscheinungen in unserem Land fehlten die 3.000, die für Kinder gedruckt werden. Manche dürften allerdings durchaus fehlen. Das sind oft Bücher und Bilderbücher, die sich glänzend verkaufen und nur deshalb gedruckt werden, aber sonst nicht viel hergeben. Für Kinderliteratur muss man in einem ganz eigenen Sinn aufnahmebereit sein. Man muss Gespür und Zuneigung entwickeln. So etwas kommt von weit her. Da sind Mythen und Fragen der Kindheit angesprochen. Die Dinge öffnen sich manchmal wie von selbst, aber nicht jedem und nicht auf Kommando. Es ist zum Beispiel ein Phänomen, dass sonst hervorragende Autoren (Autorinnen) keine Kindergeschichten schreiben können. Und versuchen sie es doch, wird es meist recht mittelmäßig und brav. Vielleicht, weil diese Autoren meinen, für Kinder müsse man leichter verständlich schreiben.

Jürg Schubiger, auch ein Autor meiner Wahl, hat diesen Aspekt aus Autorensicht so dargestellt: »Kinder haben, meine ich, eine andere Art der Doppelbödigkeit.« … »Meine Idee ist, dass man sich mit guten Geschichten für Kinder nicht in ein Kindergärtchen begibt und leicht in die Knie geht, ein bisschen schrumpft, um den Kindern näher zu sein. Mir scheint sehr wichtig, dass der Erwachsene erwachsen sein kann mit seiner eigenen Kindlichkeit und das Kind Kind sein kann und dass sie sich im gleichen Text treffen, ihn aber nicht auf gleiche Art verstehen müssen.«[1]

Schubigers Geschichten öffnen sich Erwachsenen *und* Kindern. Gemeinsam erleben sie, wie eine Geschichte sie bewegt. Das ist doch wunderbar, besonders für ein Kind, das dieses Gefühl der Gemeinsamkeit noch deutlicher spürt als der Erwachsene. Der Unterschied von Erwachsenengeschichten zu Kindergeschichten kann einerseits unendlich groß sein, andererseits gleichzeitig auch sehr gering. So wie Jürg Schubiger eben ein Meister des geringen Unterschieds ist. Vielleicht bedarf es dafür auch einer gewissen

Kindlichkeit des Autors. Einer Kindlichkeit, die wir auch in den Geschichten von Hans Christian Andersen finden, der seine Märchen so schön hintergründig naiv beginnen ließ: »Es war einmal ein Kaufmann, der war so reich, dass er die ganze Straße und fast noch eine kleine Gasse dazu mit Silbergeld hätte pflastern können; aber das tat er nicht, er wusste sein Geld auf andere Weise zu verwenden; gab er einen Schilling aus, erhielt er einen Taler zurück; so ein Kaufmann war er – und dann starb er.«[2]

Harry Potter und das Spiel mit dem Zauberstab sind (durch die Medien) allen ein fester Begriff geworden. Frantz Wittkamp macht daraus folgende Geschichte: »Beide Eltern verlor am ersten Weihnachtstag ein Siebenjähriger auf dem Domplatz in Paderborn. Während eines Spazierganges war es ihm gelungen, Vater und Mutter in weiße Tauben zu verwandeln. Dabei verwendete er nach eigenen Angaben einen Zauberstab der Marke Abrakadabra, den er zu Weihnachten geschenkt bekommen hatte. Nachdem die beiden Tauben sich weder zurückverwandeln noch einfangen ließen, hat den Jungen inzwischen das bischöfliche Waisenhaus aufgenommen.«[3]

Was lernen wir daraus? Alles ist möglich, wenn davon erzählt wird. Zum Erzählen gehören Phantasie, Humor, Vorstellungskraft und natürlich eine genaue und erst dann richtige Sprache.

Der eben zitierte Frantz Wittkamp, der auch ein hervorragender Künstler ist, macht jeden Tag Schlag zwölf Uhr eine Stunde Jogging. Viele seiner mittlerweile über dreihundert Vierzeiler (er nennt sie »Findlinge«) sind im Laufen entstanden. Das Ergebnis ist ziemlich einmalig in unserer gegenwärtigen Poetik. Realität und Phantasie und Reim vermitteln eine Pointe auf einfachste Weise. Die Geschichte, wie ich diesen laufenden Poeten entdeckt und der Kinderliteratur zugeführt habe, kann ich hier nicht erzählen, hier nur einige seiner »Findlinge« zur Probe:

Befragungen von Fischen
bestätigen inzwischen:
Die meisten Fische träumen
vom Leben auf den Bäumen.

*

»Erzähl doch bitte weiter,
und was passierte dann?«
»Dann fiel er von der Leiter
und kam nie unten an.«

*

Weil wir uns nicht trauen
auf den Tisch zu hauen,
werden wir inzwischen
geliebt von allen Tischen.

Mit Gedichten kann man gut leben. Weil sie einem sozusagen in die hohle Hand schlüpfen und wenig Raum in Anspruch nehmen. Wir sollten nie vergessen, dass Gedichte bei Kindern, wenn man sie ihnen anbietet, äußerst beliebt sind. Erwachsene verdrängen das gern – vielleicht, weil sie in der Schule mit Gedichten schlechte Erfahrungen gemacht haben.

Kinder sind langsam. Alles wollen sie genau wissen. Dafür bringen sie zeitlose Geduld auf. Erwachsene, die vorgeblich bereits alles wissen, werden dann leicht ungeduldig. Kinderliteratur ist im weitesten Sinn der geduldige Versuch, Kindern und damit auch uns selbst eine Antwort zu finden auf alle Fragen dieser Welt. Deshalb lieben wir diese Literatur. Sie befreit von Ungeduld und liebt Dinge, für die keiner was zahlt. Wo hat man das schon? Und sie erlaubt jeden Unsinn, wie hier zum Beispiel in folgendem Text von Lutz Rathenow:

»Der Prinz von Kanada traf den König von Albanien.
Ich bin der Prinz von Kanada, sagte der Prinz von Kanada.
Und ich bin der König von Albanien, erwiderte der König von Albanien.
Dich gibt es doch gar nicht, sagte der Prinz von Kanada.
Dich aber auch nicht, sprach der König von Albanien.
Und beide schüttelten verwundert ihre Köpfe.«[4]

Freies Spiel der Phantasie! Es ist grenzenlos und gibt auch noch den geringsten Dingen Hand und Fuß und Stimme. Franz Hohler zum Beispiel, in seinen Geschichten verbandelt er den *Handstand* mit einem *Kopfstand*, eine *Badewanne* mit einer *Hausapotheke*. Was haben die sich wohl zu sagen? Wir wissen, was passiert, wenn ein Hochdruckgebiet auf ein Tiefdruckgebiet trifft – bei Hohler klingt das so: »Ein Hochdruckgebiet verliebte sich einmal in ein Tiefdruckgebiet. Das Hochdruckgebiet hieß Eugen und lag über den Azoren, das Tiefdruckgebiet hieß Johanna und lag über dem Golf von Biskaya.«

Für Hohler sind das Wegwerfgeschichten. Was wird nicht alles weggeworfen! Auch Geschichten kann man behalten oder wegwerfen. Nur nicht erziehen sollte man mit Geschichten. Früher einmal wollten die Erwachsenen die Kinder mit Geschichten erziehen, ja disziplinieren, und schrieben – *Kinder*geschichten. Das ist nun vorbei. Heute genießen sie die Geschichten zuerst einmal selbst. Doch jede gute Geschichte ist ja freiwillig schon eine Art Erziehung, nämlich eine poetische Erziehung. Und die brauchen wir heute mehr denn je. Alles, was wir einmal als Kind wollten und sehnten, war doch sehr ernst gemeint und somit lebensnotwendig. So gesehen ist Kinderliteratur eine Verteidigung der Kindheit.

Geschichten sind Bilder, die wir sehen. Was aber sehen wir? Das erinnert mich an das schöne Spiel: Ich sehe, was du nicht siehst! Denn man sieht nur, was man schon weiß. Vermutlich sind Kinder die einzigen genauen Bildleser. Geduldig warten sie, dass etwas geschieht. Was also geschieht in den Bildern, die sie sehen? Na, was wohl? Horst Jansen, der unbestechliche Zeichner, sagt es sinngemäß so: Und was du siehst, ist dir geschenkt.

Wie nah sind sich Sprache und die durch sie hervorgerufenen Bilder! Was wir lesen oder hören – sogleich werden daraus Bilder. Und kein Fernsehen kann uns nehmen, was wir lesend sehen. Es gibt so viele Wege, alles ist offen!

Schließlich noch etwas! Kinderliteratur fördert sehr unterschiedliche Bilder. Das ist richtig spannend. Keine andere Literatur hat diesen Vorzug. Ich wünschte mir, dieses unglaublich vielseitige Angebot bildnerischer Kunst für Kinder, dieses phantasiereiche Augenspiel, gehörte stets, wo und wie auch immer, zum Phänomen Kunst an sich – damit sie noch öffentlicher wird und nicht nur im engeren Zirkel der Kinderliteratur verbleibt. Zum Glück ist Troisdorf mit dem Bilderbuchmuseum ein Ort, wo es wirklich ernst wird mit dieser Kunst, die sich doch grundsätzlich nicht unterscheidet von dem, was einmal ein Klee oder ein Miró und viele andere unternommen haben, nämlich das große und kleine Spiel mit der Wirklichkeit. Allesamt Verwandlungsgeschichten. Jeder Künstler macht das so, verwandelt sich und andere. Letzten Endes geht es doch in allem, was in diesem Rahmen möglich ist, um die Gegenwelt, die wir so notwendig brauchen. Und dies ist wohl auch immer wieder etwas, das von den Kindern ausgeht. Sie haben die Gabe, alles anders zu sehen.

2002

Als die blauen Elefanten geschlachtet wurden

Zum Beginn der neuen Kinderliteratur

Manchmal braucht es einen Anlass, man fängt an über Vergangenes und Nievergangenes nachzudenken. So fragte ich (diese Frage ist nicht neu) Christine Nöstlinger, wann sie mit dem Schreiben von Kindergeschichten eigentlich angefangen habe. 1968 im Caféhaus in Ottakring, erinnert sie sich. Eigentlich habe sie Gedichte von Richard Bletschacher illustrieren sollen, dabei aber Lust bekommen, selbst etwas zu schreiben. Aber was? Ihr erstes Kinderbuch, *Die feuerrote Friederike*, noch von ihr selbst mit Bildern versehen, ist 1970 erschienen. Gleich danach kamen *Die Kinder aus dem Kinderkeller*. Ein Auftakt mit weitreichenden Folgen, wie man weiß! Und weiter nachgedacht, wann sind die damals so heftig diskutierten *Birne*-Geschichten von Günter Herburger erschienen, vor oder nach der Feuerroten? Die neuen Kinderbücher von damals (Herburgers *Birne kann alles* gehört dazu) sind inzwischen größtenteils verschwunden. Da war doch einmal so etwas wie ein Neubeginn der Kinderliteratur? Sind die *Nein*- und *Streit*-Bücher der Nach-68er nun endgültig in der Literaturgeschichte vergraben und eine Beute der Sekundärliteratur geworden?

In der Marbacher Ausstellung »Protest! Literatur um 1968« (von 1998) findet man viele Basis-Titel dieser neuen Kinderliteratur, darunter Bücher des März Verlags, zum Beispiel die zeitweise verbotene *Sexfront* von Günter Amendt (1970), die Plattenhülle zu *Der Baggerführer Willibald, Dieter Süverkrüp singt Kinderlieder* (Verlag pläne, 1970), die erste Schallplatte *Die Rübe* von Fredrik Vahle (1973), ferner Programmhefte vom Grips-Theater, das *Kinderbuch für kommende Revolutionäre* von Ernst Herhaus (Weismann Verlag, 1970) sowie das Kollektiv-Buch *Fünf Finger sind eine Faust* (Basis

Verlag, 1970), ebenso Bücher aus dem Oberbaumverlag, ferner Friedrich Karl Waechters *Anti-Struwwelpeter* (Melzer Verlag, 1970). Auch erste Treffs »schreibender Frauen« sind dokumentiert: auf einer Fotografie die Autorinnen Karin Struck, Christa Reinig, Verena Stefan, Antje Kunstmann, Ursula Krechel. Und unter dem Sammeltitel *Erziehung zum Ungehorsam* (März Verlag, 1970) berichten Kinderläden aus der Praxis der antiautoritären Erziehung. Da findet sich auch eines der einflussreichsten Bücher jener Zeit: *Erziehung in Summerhill* von Alexander S. Neill (Szczesny Verlag, 1966). Erwähnt ist auch der 1970 gegründete Anrich Verlag, der mit seinem ersten Titel *Die grünen und die grauen Felder* von Ursula Wölfel (1970) »einen entscheidenden Anstoß zur realistischen Darstellung vom Kinderalltag in der Bundesrepublik gibt« (Katalogtext).

Unter »Sprengkraft der Phantasie« finde ich auch eine *eigene* Spur, eine Manuskriptseite aus einem Erzähltext von Günter Wallraff »mit handschriftlichen Korrekturen von Günter Wallraff und seinem Lektor«, der ich 1970 war.

Auch Klaus Doderer wird im Katalog zitiert: »Ausgelöst und beschleunigt durch die innerhalb der Kinderladenbewegung geführten Diskussionen zur Theorie der antiautoritären Erziehung und deren Umsetzung in die Praxis, beginnt von 1970 an eine so stürmische und tiefgreifende Veränderung im Bereich der Kinderliteratur, des Kinderlieds und des Kindertheaters, dass man heute im Rückblick auf die Jahre 1970 bis 1973 von einer einschneidenden Zäsur in der Kinderkultur spricht.«

Professor Klaus Doderer, Gründer und erster Leiter des Instituts für Jugendliteraturforschung an der Universität Frankfurt a. M., hat wie kaum ein anderer die dramatische Entwicklung neuer Kinderliteratur kommentierend begleitet. Ihm sind anregende Analysen zu verdanken. Ich selbst jedenfalls fühlte mich davon ermutigt. Es gab natürlich viele und ganz unterschiedliche Anregungen in dieser Zeit. Die 68er-Vorgabe und ihre Folgen wirkten immerfort weiter. Doch neue Kinderliteratur (eingrenzend als »antiautoritär« bezeichnet) hätte sich niemals so dominant entwickeln können, wäre nicht jene später oft zitierte bildungspolitische Veränderung (in der Bundesrepublik) eingetreten. So bekam »Erziehung« bzw. das Eltern-Kind-Verhältnis einen neuen Sinn. Schließlich ist nicht mehr wegzudenken, was alles in diesen demokratischen Bewährungsjahren geschah. Das kann man aber alles nachlesen, und man muss dies tun, will man verstehen, warum sich Kinderliteratur so sehr veränderte.

Susanne Kilian begann ab 1970 Erfahrungstexte für das spätere *Nein-Buch für Kinder – Hinterher ist man schlauer* zu schreiben. Den ersten dieser Texte, »Kindsein ist süß?«, veröffentlichte ich 1971 in meinem ersten Jahrbuch *Geh und spiel mit dem Riesen*. Später schreibt sie: »Will Schmerz schüren/sollt Wunden spüren/damit niemand vergisst: Nix/bleibt wie's ist«.[1]

Die Marbacher Ausstellung – hier ist Protest dokumentiert, aber auch »Schmerz«. Hier ist der Countdown einer »Demokratie auf Bewährung« nachgezeichnet. Die »Häutungen« dieser Jahre haben die Literatur neu geprägt. Es waren somit auch Entwicklungsjahre einer anderen Kinderliteratur. Vier Fixierungen möchte ich herausgreifen:

- Kinderliteratur berichtet, erzählt vom Alltag, was Kinder mit ihren Eltern, Lehrern und so weiter erleben. (Der Kinder-Tageslauf wird entdeckt.) Kinder erhalten ehrliche Auskunft über die Wirklichkeit dieses Zusammenlebens; Erwachsene sind kritisierbar geworden. Kinder üben sich (nachdem ihre Eltern immer nur zum Ja-Sagen erzogen wurden) in der herben Kunst des Nein-Sagens.
- Kinder sollen selbst sprechen, schreiben, erzählen, ohne Vorgaben einer Literatursprache. So sinngemäß Konrad Wünsche

in *Die Wirklichkeit der Hauptschüler – Berichte von Kindern der schweigenden Mehrheit* (1972): »Kinder können nur in der eigenen Sprache verstehen, was sie selber wollen. Diese Sprache gilt es zu entwickeln.«

- Soziale Phantasie ist nicht in Wald und Flur, im Tierreich oder im blauen Sonstwo angesiedelt, sie ist auf Menschen ausgerichtet. Phantasie ist notwendig, will der Mensch seine Umwelt retten, Hunger und Krieg vermeiden.
- Märchen, Gedichte, Geschichten, Spiele, Lieder, Bilderbücher, Kinderbücher – alles muss untersucht werden, ob darin bestehende Herrschaftsbereiche gefestigt werden. »Den Kindern gegenüber muss man ehrlich, muss imstande sein, ihnen zu sagen: Wir Väter wissen manches noch nicht, ihr aber seid auf die Welt gekommen, um alles zu wissen«. (Maxim Gorki, 1930) Kinder sollen lernen, verantwortungsvoll zu handeln. Es geht um die Zukunft. Mit anderen Worten: Kinder werden erwachsen.

So und ähnlich wurde damals formuliert und zitiert. Die sich bildende Literatur war ohne Vorbild, aber sie traf den Nerv der Zeit. (Für Kinderliteratur doch irgendwie ungewohnt!) Und damit machte sie sich rasch marktfähig – der Buchmarkt öffnete sich. Natürlich sollte man den Markt nicht zum Maßstab machen. Der Markt ist hungrig und schnappt wie ein Hund nach der Wurst, nichts anderes will er nämlich. (Diese Lektion haben wir inzwischen verinnerlicht.) Aber vergessen wir nicht, es war damals eine Aufbruchsstimmung, viele fühlten sich von dem optimistischen Lebensgefühl angesprochen. Die Pädagogik stand an der Spitze der Reform; die schulischen Lesebücher übernahmen immer mehr Texte und Bilder der neuen Kinderliteratur. (Ein Nebeneffekt, der bis heute wirkt: Damit wurde Kinderliteratur *auch* Schulliteratur.)

Dies alles war und ist folgenreich. Mich beeindruckte damals, wie die Sonderschullehrerin Iris Mann in ihrem Buch *Die Kraft geht von den Kindern aus* (1978) Lebenserfahrungen von Kindern zur Sprache bringt und wie sie ihre eigene »stufenweise Befreiung von der Lehrerrolle« schildert. Sie zitiert Schülertexte, darunter folgenden Entschuldigungsbrief: »Sehr geehrtes Fräulein, meine Mutter ist im Krankenhaus. Ihre Niere ist kaputt. Sie hat nur noch eine. Ich besorge alles im Haushalt und mache die Wohnung in Ordnung. Mein Bruder kommt auch spät nach Hause. Ich möchte gern Schularbeiten machen, aber ich kann sie nicht machen. Ich habe es heute versucht, aber ich habe es nicht gekonnt. Mir kann keiner helfen, das ist mein Leben. Reinhard.«

Jahre zuvor beeindruckte mich der lange Brief von acht Schülern der Schule von Barbiana an ihre ehemaligen Lehrer, 170 Buchseiten über Unfähigkeit von Lehrern und über die Lust am Lernen, auch ohne Lehrerhilfe. *Die Schülerschule von Barbiana* (1970) verdeutlicht, »dass nämlich die Schule den Anforderungen der Schüler nicht gewachsen ist« (Peter Bichsel im Vorwort zur deutschen Ausgabe bei Wagenbach). Die Schule genügt den Schülern nicht. Die richtige Erkenntnis, damals wie heute?

Zum Glück gab es (und gibt es) Lehrer, die Kindern ihre eigenen Geschichten erlauben, ja abfordern. Wie sehen sie die Welt? Dabei wird weder der grammatikalisch vollständige Satz noch die einzig richtige Rechtschreibung verlangt. Der Volksschullehrer Ludwig Harig veröffentlichte unter dem Schüler-Titel *Und sie fliegen über die Berge, weit durch die Welt* (Hanser Verlag, 1972) Aufsätze seiner Schüler. Allesamt Versuche von Kindern, Wörter für sich selbst zu finden, sich ungezwungen, unbehindert zu äußern. Kinder erzählen selbst![2] Später im Leben äußern sich einige Schüler und Schülerinnen: »Ich hätte nie geglaubt, dass so viel von einem Lehrer abhängen könnte.«

Hartmut von Hentig veröffentlichte 1976 seine vieldiskutierten Vorträge *Was ist eine humane Schule?* Darin der Satz, den ich mir damals unterstrichen habe: »Der Widerspruch wird immer wiederkehren, dass man Kinder, die man erwachsen (vernünftig und moralisch) machen will, weil man sie für kindlich (unvernünftig und unmoralisch) hält, erst eigentlich zu ›Kindern‹ macht; jedenfalls verlängert man die Kindheit. Hätte man Zeit, sie zu beteiligen, als nur eben schwächere und weniger erfahrene Menschen, man würde hinterher wohl wieder viel Zeit gewinnen.« (Ein Gedanke, den viel später auch Neil Postman aufgreift in seinem Buch vom Ende der Erziehung, *Keine Götter mehr*, 1995.) Gute Kinderliteratur braucht eben auch eine gute Pädagogik. Dafür stehen alle Erfahrungen, die Kinder und ihre Eltern in der Kindheit machen. Kinderliteratur strebt ja nichts anderes an, als Erfahrungen zu verwenden und davon zu erzählen. Ein törichter Satz der 68er-Nachfolger lautet: »Kindern muss man die Welt zeigen, wie sie ist!« – Aber *erfahrene* Welt ist ganz anders. Davon handelt Literatur. Auch hierzu hat sich damals (der Pädagoge) Hartmut von Hentig geäußert: »Bilder und Geschichten sind so etwas: wo man noch stehen kann – und wo doch gleich das Tiefe anfängt.« Und weiter: »Viele Kinder brauchen vor allem nicht, dass *man* ihnen die Welt zeigt, wie sie ist, sondern dass *einer* ihnen zeigt, wie er sie erfahren hat. Die Welt nicht als Widerfahrnis, sondern als Erfahrung.«[3]

Damit hat Hartmut von Hentig darauf hingewiesen, was von Literatur (bzw. Kinderliteratur) bestenfalls zu erwarten ist. Die Veränderung einer Gesellschaft kann man ihr nicht aufbürden. Dies erinnert mich an die von Hannah Arendt in ihrem Essay *Die Krise in der Erziehung* (1958) schon früh geäußerten Bedenken, die darauf hinauslaufen, dass Kinder zur Entwicklung ihre eigene Zeit brauchen: »Unsere Hoffnung hängt immer an dem Neuen, das jede Generation (...) bringt; aber gerade weil wir nur hierauf unsere Hoffnung setzen können, verderben wir alles, wenn wir versuchen, das Neue so in die Hand zu bekommen, dass wir, die Alten, bestimmen können, wie es aussehen wird.« – Wohl auch ein Kernsatz, handelnd vom Kinderernstnehmen, ist aber schwer zu schlucken.

Ich weiß, es ist eine inzwischen abgedroschene, immer noch missbrauchte Behauptung – ich selbst habe sie damals vertrauensvoll bis hin zum *ehrlichen* Klappentext werbewirksam verkündet: Kinder muss man ernst nehmen! Natürlich muss man das, wir wissen aber, dass genau dies den Erwachsenen bis zum heutigen Tag auf eine fürchterliche Weise misslungen ist. Aber versucht haben sie es doch.

Solch ein »Versuch« ist Melchior Schedlers kritisches Pamphlet zur bundesrepublikanischen Kindertümelei, *Schlachtet die blauen Elefanten* (1973). Den Kindern die Welt zeigen, wie sie ist – in diesem Sinn richtet sich Schedlers Angriff gegen jene etablierte Kinderliteratur, die sich vorrangig kleinen Wassermännern und Hexen (Preußler), blauen Elefanten und sonstigen Phantasiefiguren widme. Als Gegenposition fordert er, den Zukunftsforscher Robert Jungk zitierend, »Lockerungsübungen der Phantasie«, einer »eingreifenden Phantasie, die sich nicht aus der Wirklichkeit herausdrängen lässt«.

Dieses »Schlachtet die blauen Elefanten« wurde in der etablierten Kinderbuchszene zum Ärgernis. Es wurde aber auch erkennbar, dass eine öffentliche, klärende Diskussion oder gar ein »Literatenstreit« der Sache wegen kaum möglich schien. Schon damals (wie heute) ist eine *ausgesprochene* Kritik der Kinderliteratur weitgehend unerwünscht. (Im Grunde hat sich bis zum heutigen Tag für die Kinderliteratur keine eigene Literaturkritik bilden können.)

Die eigentlich zentrale, teils als skandalös empfundene Kritik ging aber von einem anderen Werk aus, das der Filmdramaturg und Dozent für Medienwissenschaft, Otto F. Gmelin, veröffentlichte. Sein *Böses kommt aus Kinderbüchern* (1972) ist ein Frontalangriff auf die deutsche Märchentradition, auf den Kinderbuchmarkt und schließlich auch auf das gesamte Etablissement Kinder- und Jugendliteratur, einschließlich aller Einrichtungen wie »Arbeitskreis für Jugendliteratur« und so weiter. Dabei ist Gmelin (sein weiterer Lebensweg ist leider tragisch verlaufen) durchaus anregend. Auch er empfiehlt, Kinder möglichst selbst etwas produzieren zu lassen. Als geeignete Literatur für Kinder nennt er neben Gormanders *Als die Kinder die Macht ergriffen* (dt. 1971) unter anderem auch Astrid Lindgrens *Pippi Langstrumpf* (1949) als einen »elitär-antiautoritären Sonderfall«. (Vielleicht ist es heute nicht mehr bewusst, dass die berühmte »Pippi« bei Erscheinen der deutschen Übersetzung heftig kritisiert und als pädagogisch bedenklich eingestuft wurde.) Im Grunde hat Astrid Lindgren mit diesem ungehemmt trivialen Versuch (wie »Birne« auf Wunsch einem Kind erzählt) eines der besten antiautoritären Bücher geschrieben, und zwar zwanzig Jahre bevor dies programmatisch wurde. (Gute Kinderliteratur ist letzten Endes immer antiautoritär.)

Ein anderes, berühmtes Beispiel: Im beinahe noch friedlichen Jahr 1938 erzählt der große Pädagoge A. S. Neill vom Untergang dieser friedlichen Welt. Seine Zuhörer, eine Gruppe von neunjährigen Kindern, sparen nicht mit Kommentaren und wilden Veränderungswünschen. Die Story wird recht trivial erzählt, aber sie ist witzig, komisch, spannend, kurz: riesig. Eine Geschichte zu Lasten der Erwachsenenwelt; sie erzählt vom allerletzten Menschen auf der Erde. *The Last Man Alive* erschien 1971 in deutscher Übersetzung (von Harry Rowohlt) unter dem Titel *Die grüne Wolke*. Im Nachwort seines Romans erläutert Neill: »Die meisten Kinderbücher sind so nervtötend, dass Eltern sich beim Vorlesen zu Tode langweilen. – Dagegen hat meine Geschichte, glaube ich, den Vorteil, dass Väter oder Mütter sie wegen der vielen Späße, die darin vorkommen, laut vorlesen können, ohne sich über Gebühr zu langweilen.«

So ähnlich (grundsätzlicher noch) fordert der englische Literaturprofessor C. S. Lewis: »Kein Buch ist es wert, mit zehn gelesen zu werden, wenn es nicht gleichermaßen wert ist, mit fünfzig gelesen zu werden.« C. S. Lewis zielt dabei natürlich auf seine eigenen Kinderbücher (aus dem magischen Reich Narnia), allenfalls auch auf die Hobbit-Romane seines Freundes Professor Tolkien. Man darf nicht vergessen, dass mit Ende der unruhigen 60er-Jahre die wunderbaren »Kinderbücher« der Weltliteratur neu entdeckt werden. Zum Beispiel in Neuübersetzung Lewis Carrolls *Alice in Wonderland* (Christian Enzensberger u. a.). Warum sollen auch so unterschiedliche phantastische Bücher wie *Die grüne Wolke* und *Der kleine Hobbit* (dt. 1957, 1971) nicht unter einen Hut kommen? Auch Maurice Sendak möchte ich in diesem Zusammenhang erwähnen. Sein Bilderbuch *Wo die wilden Kerle wohnen* (1967) war damals ein Schlag ins Gesicht pädagogischer Gralshüter. Und Sendaks bilderreiches Opus *Higelti Piggelti Pop!* (1969) bezeichnet Christine Nöstlinger heute noch als eines ihrer Lieblingsbücher. Enthält es doch den einzig schönen Satz: »Es muss im Leben mehr als alles geben!«

Mir ist nicht wohl dabei, dass ich bei der Betrachtung der Kinderliteratur dieser Zeit nur die westdeutsche Variante beachte. Sicher ist noch der östliche Teil dieser Literatur, über alle Entfernungen hinweg, parallelisierend nachzutragen. In der bundesdeutschen Kinderliteratur geschieht jedenfalls mit Beginn der 70er-Jahre etwas sehr Aufregendes: Geschichten, Verse, Märchen, Texte werden in den Dialog zwischen Erwachsenen und Kindern aufgenommen. Wesentliche Teile dieser Literatur *sind* Dialog. Texte für Kinder erhalten den Status einer Botschaft. (Dies wird sich Anfang der 90er-Jahre auf einer anderen Ebene fortsetzen.)

Als Beispiel hier ein Text von Christine Nöstlinger, ein *Lied mit zwei Strophen:*

»Die eigenen Kinder zu lieben / darf nicht abgelehnt werden. / Auch dann nicht, / wenn da etwas lebt und heranwächst, / von dem man feststellt: / Es war sehr anders gemeint! / Die Frage ist außerdem, / wie weit man überhaupt / zu etwas berechtigt ist / über die Verabreichung von Vitaminen / und den Ankauf von Kleidung / hinaus. – Die eigenen Eltern zu lieben / darf nicht abgelehnt werden. / Auch dann nicht, / wenn da etwas lebt und Geld zählt, / von dem man feststellt: / Ich habe damit nichts gemein! / Die Frage ist außerdem, / wie weit man da überhaupt / zu etwas berechtigt ist / über das Abverlangen von Geld / und die kleinen Lügen im Detail / hinaus.«

Es ließen sich viele »Zitate« dieser Art beibringen. Auch Hans Manz, der in seiner aktiven Zeit als Volksschullehrer stets die Zusammenarbeit mit Kindern suchte, hat eine treffend entlarvende, spielerisch fragende Form des Kinder-Erwachsenen-Dialogs entwickelt. Er stellt Sprache auf die Probe und fragt und entdeckt die vielen Schattierungen und Brechungen der Sprache. Sein erstes Sprach-Buch für Kinder *Worte kann man drehen* (1974) und ebenso die folgenden Sprach-Bücher bilden ein Poetikum für sich, eben eine *Welt der Wörter.*

Zeit für Fragen! Auch meine Lyrik-Sammlung *Die Stadt der Kinder* (1969) zielt auf einen Neubeginn des Kindergedichts. Einerseits beginnt es sich abzusetzen von den eingeübten Lesebuch-Vorbildern und bildet, auch unter dem Einfluss der modernen Lyrik, eine andere Poetik – um andererseits ins Lesebuch zurückzukehren. (Verschulung von Kinderliteratur hat eben nie aufgehört.) In diesen Veränderungsjahren gibt es auch Annäherungen an die Lyrik aus der DDR, Günter Kunert, Reiner Kunze, Bernd Jentzsch wären zu nennen. Mich faszinierte Franz Fühmanns *Richtung der Märchen:* »Immer/wächst aus der Mühsal das Glück und aus/dem Wunder das Wirkliche. Immer/hat der Held Angst. (…) Immer sind die geringen Dinge die wichtigen …« Und sein Märchenverwandlungsgedicht *Lob des Ungehorsams* (1966) steht am Anfang der neuen Märchendiskussion.

Es gibt so viele Fragen, die bis heute kein Kind beantworten kann – aber Kinder fragen weiter, »es gibt keine Fragen,/die dringlicher wären als die naiven« (Wislawa Szymborska).

Und fragen ist auch ein Spiel: »Da müssen erst drei Kinder aus dem Wald treten und über die Wiese laufen; einmal sollten sie bitte noch stehen bleiben, damit jedes einen Namen bekommen kann: Moritz, Johanna, Robert! Und dann kann die Geschichte schon losgehen.«

So beginnen *Die Kronenklauer* von F. K. Waechter und Bernd Eilert (1972), ein Feuerwerk schöner Einfälle, erzählt, gezeichnet und verbunden mit etlichen Tabu-Entlarvungsriten, Spiel und Botschaft in einem. Diesen Zusammenhang weitet Waechter vielseitig lustvoll in weiteren Büchern aus, in *Opa Huckes Mitmachkabinett* (1976) zum Beispiel. Oder auch in seinen gezeichneten, riesig großen *Wandgeschichten* (1974). Und *Brülle ich zum Fenster raus – Kinderrollenspiele mit Texten zum Singen* (1973) verwertet praktische Erfahrungen aus dem »Kinderladen«. Nicht ein einziges Mal hat er sich, seinen Erfolg sozusagen nutzend, wiederholt bzw. sich selbst kopiert; lieber wollte er etwas Neues probieren. Dazu gehören auch Theaterstücke für Kinder; in nur zwei Wochen schrieb er *Schule mit Clowns* (1975). Auch als Zeichner war Waechter ein großer Anreger. (Viele berufen sich auf ihn, auch Janosch gehört dazu.)

Waechter sinniert später (per 1972): »Allmählich habe ich heraus, dass das beste für Kinder dann entsteht, wenn ich das Zielpublikum Kinder vergesse und nur mache, was mir gefällt. Weg von der Pädagogik hin zur Kunst, Komik, Poesie, Literatur usw. Das scheint mir zwar ein alter Hut, muss aber immer wieder gesagt werden, besonders in diesen frühen Siebzigern.«[4]

Zeit des Aufbruchs, der Diskussion, der Werkgespräche. Illustration, Materialien, Farbe, Typographie, Fotografie – alles bekommt einen neuen Bezug, eine andere Bildästhetik entfaltet sich. Das »Hässliche« ist nicht hässlich, das »Schöne« nicht schön. Bilder für Kinder korrespondieren mit gegenwärtiger Kunst. Künstler entdecken Kinderliteratur für sich. Kurt Halbritter und Dieter Brembs erfinden frech, spitz und kritisch mit der Zeichenfeder die Tierwelt neu. Ein so monumentales Zeichenwerk wie *Brembs' Tierleben* (1974) würde heute kaum noch ein Verlag wagen. (Es erschien mit 15.000 Auflage und kam auf die Auswahlliste.) Kinderliteratur wird zur Probierbühne, sozusagen ein Stück mit Entdeckungen für Erwachsene mit Kindern spielend. Auch F. K. Waechter kam ja aus der Kinderladen-Bewegung. Zweifel an der Spielbarkeit seiner Vorschläge konnte er stets mit dem Hinweis entkräften, alles sei längst mit Kindern ausprobiert.

»Jedes Kind fängt in gewissem Sinn wieder die Welt von vorne an«, überlegt Thoreau in *Walden*, seinem widerständigen Lebensbuch, das von der Protestgeneration in den 70er-Jahren neu entdeckt wurde. Entscheidend im Leben sind vielleicht die ersten zehn, zwölf Jahre. Wer weiß, möglicherweise ist Kinderliteratur auch im Sinn eines einzigen, großen »Augenzeugenberichts« unentbehrlich geworden. Ein interessanter Gedanke. Ich erinnere auch an die Vorschläge, die Walter Benjamin in den 20er-Jahren gemacht hat. Nun werden sie oft zitiert. Gleiches gilt für Texte von Bertolt Brecht aus den 40er- bis 50er-Jahren. Bei Weismann erscheint, herausgegeben von Martin und Monika Sperr, die für Kinder angelegte Sammlung *Herr Bertolt Brecht sagt* (1970). Dies alles sind, in aller Kürze, »Stichworte« zur Kinderliteratur der 70er-Jahre.

Es ist die Zeit, in der ich mein eigenes Kinderbuch-Programm im pädagogischen Beltz Verlag startete. Darüber habe ich an anderer Stelle (in drei Werkstattbüchern, nämlich 1974, 1986, 1996) berichtet. Hier nur so viel, dass mich in dieser Anfangszeit (neben der einzigartigen Bilderwelt dieser Literatur) zwei Bereiche fasziniert haben. Zunächst (wie schon erläutert) die Einübung von »Wirklichkeit« im Kinderalltag; des Weiteren die Auseinandersetzung mit bekannten deutschen Volksmärchen. Natürlich sah ich das alles in *einem* Zusammenhang. Zur Empörung von Märchentraditionalisten begann ein widerborstiges, letzten Endes aber doch humorvolles Spiel mit dem Märchenpersonal der Brüder Grimm. Iring Fetscher machte (in meinem ersten Jahrbuch) den Anfang mit dem umgedrehten Märchen *Die Geiß und die sieben Wölflein*; der (von mir gestrichene) Untertitel lautete: »Ein Märchen zur Beseitigung ideologischer Voreingenommenheit gegen Wölfe.« Es folgte, wie man weiß, eine jahrelange Beschäftigung mit Märchen der Brüder Grimm durch umgedrehte Erzählweisen. Viele Autoren machten mit. Ich habe sie fast alle versammelt in meinen Anthologien *Neues vom Rumpelstilzchen* (1976) und *Daumesdick* (1990). Und ich verweise auf eines der erfolgreichsten Bücher dieser Zeit: *Janosch erzählt Grimm's Märchen* (1972).

Auch Peter Härtling hat ein Märchen neu erzählt; in einer von

Jochen Jung herausgegebenen Sammlung mit Texten »von Autoren unserer Zeit« zu alten Bilderbogen (1974) erzählt Härtling das Märchen vom *Fundevogel* neu: »Es war einmal ein Krieg, einer von den Kriegen, die lange dauern und rasch vergessen werden, einer von den Kriegen, an denen niemand schuld zu sein begehrt …«

Härtling steht für den Realismus in der neuen Kinderliteratur, für eine sich verändernde Wirklichkeitssuche. Seine thesenhaften *Fünf Überlegungen beim Schreiben von Kinderbüchern* (die er vorlegte, als er für *Oma* 1976 den Deutschen Jugendbuchpreis erhielt) bringen dies alles auf den Punkt. Mit seinem Erzählen für Kinder will er »provozieren zum Nachdenken, zum Mitdenken und vielleicht auch zum Handeln«. Härtlings erster Auftritt in Sachen Kinderbuch, sieben Jahre zuvor, war eine Provokation. Mit seiner Rede *Die Wirklichkeit der Kinder*, anlässlich der Verleihung des Deutschen Jugendbuchpreises 1969 (an Ali Mitgutsch, Isaac Bashevis Singer, Jan Procházka, Scott O'Dell), forderte er eine neue Literatur für Kinder. Im Übrigen gibt es nur wenige deutschsprachige Autoren, die sich in den nachfolgenden Jahren zur Situation der Kinder und ihrer Literatur so grundlegend geäußert haben wie Peter Härtling. Als Erzähler machte er wahr, was er forderte. Seinem ersten Kinderbuch, den Kindertagesläufen *Und das ist die ganze Familie* (1970), folgte die Erzählung *Das war der Hirbel* (1973). Dieses schmale Buch gehört, auch fünfundzwanzig Jahre nach seinem Erscheinen, noch immer zu den bedeutenden Kinderbüchern unserer Zeit. Auch in den folgenden Büchern hat Härtling im Erzählen von Menschengeschichten eine eigene »Tonlage« gefunden; sie ist im großen Konzert dieser Literatur nicht mehr wegzudenken. Dies gilt für Härtling, es gilt auch für andere Autoren. Mit anderen Worten: Die im Anschluss an die 68er-Jahre entstandene Kinderliteratur hat sich bleibend etabliert.

Ich möchte einen weiteren Aspekt hinzufügen. In diesen Jahren sind Anthologien entstanden, die das bis dahin übliche anthologische Muster auflösen. Ich denke an die Ellermann-Lesebücher *Das große Lalula* (1971) und *Ein Fisch mit Namen Fasch* (1972), die Elisabeth Borchers herausgegeben hat. Erinnern möchte ich auch an die von Gertraud Middelhauve 1966 edierte Anthologie *Dichter erzählen Kindern*. Gemeint sind damit Autoren einer literarischen Tradition, die sich viel zu lange der Kinderliteratur verweigert hatte. Nun erzählen Autoren wie Bobrowski, Artmann, Jandl, Meckel, Kunert, G. B. Fuchs, Jelinek, Hohler, Reinig, Bichsel, Jägersberg, um einige zu nennen, auch für Kinder. Elisabeth Borchers, selbst eine Lyrikerin von Rang, öffnete mit ihren Anthologien eine beinahe verschlossene Tür, Weltliteratur genannt. Mein erster eigener Versuch dieser Richtung erschien 1969, herausgegeben von Marlis Ingenmey: *Die Katze, die aus Rom kam*, 14 italienische Autoren erzählen Kindern, u. a. Bartolini, Calvino, Primo Levi, Montella. – Mit diesen und anderen Anthologien wird, fern jeglicher erzieherischer Absicht, eine andere Poetik der Kinderliteratur erkennbar: unverzagtes, sprachvolles, komisches, burleskes, zartes und stets not-wendiges Erzählen.

Zusammenfassend wird klar, ohne die resoluten emanzipatorischen Anfänge von vor dreißig Jahren wäre jegliches Neue vom Alten gefressen worden. So aber war es für eine Weile umgekehrt. Nun ist alles verdaut. Manches ist wie zuvor, als hätte es nie einen Neuanfang gegeben. Anderes wirkt still weiter. Wie auch immer, die literarische Entwicklung setzt sich fort. Gegensätze ziehen sich an: Kinderliteratur will bewahren – sie will aber auch verändern. Und sie verändert sich.

1998

Aus eigener Sicht – meine Bilder als Verleger

»Schreiben scheint vom Zeichnen abzustammen.« *Robert Walser*

Bildkunst der Kinderliteratur ist eine Kunst jenseits der Museen. Eine Kunst, die auf Knien, auf dem Teppichboden, am Tisch stattfindet. Da wird geredet, wird bewundert, geweint, gelacht. Vor allem ist es eine Kunst, die sich Kinder und Erwachsene beinahe unterschiedslos miteinander teilen. Wer solche Kunst macht, tut dies mit großem Ernst – und mit Lust. Ohne Lust kein Spiel. Alles in allem ist es eine Frage der Heiterkeit, des Humors, des Witzes, des Einfalls – also eine Kreativität, die man auf Kunsthochschulen kaum lernen kann. (Robert Gernhardt schreibt in seinem Erfahrensbuch *Innen und Außen*: »Dass Kunstakademien allem Anschein zum Trotz sehr sinnvolle und erstaunlich lehrreiche Einrichtungen sind, liegt nicht an den Lehrern, sondern an den Schülern und ihrem Drang, dort, koste es, was es wolle, irgendwas zu lernen.«[1])

Keine Literatur ist so unverwechselbar, ja man könnte auch sagen, so existentiell mit Bildern verbunden wie die Kinderliteratur. In den letzten fünfzig Jahren ist ausdrücklich für Kinder eine Bildkunst in unübersehbarer Menge entstanden und auf den Markt gekommen. Vieles davon in »guter Absicht« – bekanntlich keine ideale Voraussetzung. Manches auch in aufregend neuer Form. Wie Bilder mit Wörtern umgehen und umgekehrt Wörter mit Bildern, bleibt erstaunlich. So viel Wagnis, so viel Unterhaltungslust! Und immer wieder begegnen uns Bilder von einzigartiger Schönheit und Tiefe. Eine farbige Welt, ein Feuerwerk an Einfällen, ein Spiel ohnegleichen. So breitet sich Vielfalt aus. Kinder deuten sich die Welt und wir haben unsere Erfahrungen den Bildern anvertraut. Natürlich müssen wir kritisch fragen: Gibt es feste Regeln? Ist nicht alles nur Entwurf und Vermutung? Indem wir Kindern ihre eigene, erste Bildwelt stiften, fälschen wir ihnen am Ende ihre Einbildungskraft? Oder ist, was wir Kindern malen, herzhaft geträumt? Als verfügten wir nur in unseren Bildern und Träumen über eine »bessere Welt«? Kindern ist ohnehin die mit warmherzigen Tieren bevölkerte Welt die liebste. Ob Tiere die besseren Menschen sind? Viele Kinder- und Bilderbücher lassen das vermuten. Kinder entwickeln eigenen Geschmack. Wo aber nehmen sie ihn her? Wie bilden sie ihn? Letzten Endes doch aus einem Angebot, das ja nicht nur aus Bilderbüchern besteht.

Dabei ist kritisches Nachdenken über Kinderliteratur im letzten Jahrhundert gründlich und bis zum Abwinken geleistet worden. Ja, es hat sich eine eigene wissenschaftliche Disziplin gebildet, die in zahllosen Dissertationen und Publikationen ihr Bestes gibt. Aber noch immer lässt sich mit Walter Benjamin (1929 in einem Rundfunkvortrag und inzwischen oft zitiert) sagen: »Und der Anfang des Elends in der Kinderliteratur lässt sich mit einem Wort bezeichnen: es war der Augenblick da sie in die Hände der Spezialisten fiel.« Benjamin nimmt die Bildkunst davon aus und bezeichnet es als Glück, dass ihr erhalten blieb »der reine Ernst der Meisterschaft und die reine Spielfreude des Dilettanten, die beide *ohne es zu wissen* für Kinder schaffen«.

Die Benjamin'sche Betrachtungsweise ist aktuell geblieben. Die besten Ergebnisse sind nicht selten dilettantisch, eben der Spielfreude sowie dem kreativen Ernst der Künstler zu verdanken. Dafür gibt es viele Beispiele. Spontan denke ich an die Farb- und Formspiele in meinen *Jahrbüchern der Kinderliteratur*, aber auch an viele Bilderbücher, die parallel entstanden sind.

Der Lyriker Rainer Malkowski sinniert: »Was man als Autor von den bildenden Künstlern lernen kann: machen, was geht. Jetzt zeichnen. Jetzt ein paar Fundstücke ausbreiten und sehen, wohin das führt. Nicht gleich klüger sein wollen als das Material.«[2]

Letzten Endes gilt für alle Künstler und Künstlerinnen, wie Paul Flora es sieht: »Mir kommt es hauptsächlich darauf an, möglichst gute Zeichnungen zu machen, mich bei der Arbeit an diesen zu amüsieren und dafür womöglich noch bezahlt zu werden.«[3] So falsch ist das nicht und mit ein Grund, warum Künstler zur Selbstausbeutung neigen. Verleger zuweilen auch, doch eher selten. Für Verleger ist das Feld anders bestellt. Was druckt, soll verkauft werden. Das ist das erste Gebot des Verlegers. Letzten Endes, wenn alles gut geht, wird der verlegerische Erfolg auch zum Erfolg des Künstlers. Dürrenmatt spricht von seinem ersten Verleger, Peter Schifferli, als einen »mitdenkenden Leser«, der seine Autoren aus Freude verlegt. Vielleicht können sich auch Kinderbuch-Verleger in dieser Definition wiederfinden. Abgesehen davon, dass es auch Verleger gibt, die ungern lesen. (Vielleicht verlegen sie deshalb lieber Bilderbücher.)

Aber machen wir uns nichts vor, die Ausgangssituation der Kinderliteratur ist doch höchst schwierig! *Erstens* ist es eine Literatur mit poetischem Anspruch (wie jede andere Literatur auch). *Zweitens* soll sie allerorten die Absolution der Erzieher und sonstiger »kindbefasster Personen« (wie Christine Nöstlinger zu sagen pflegt) erlangen. *Drittens* braucht sie – dies ist ihr eigentlicher Daseinsgrund – die Zuneigung von Lesern. Das sind Kinder und Jugendliche. Auch Erwachsene, die somit die eigentlichen Geldgeber der Kinderliteratur sind.

Wer dies alles, Autor oder Künstler, in seinem Hinterkopf speichern will, um es möglichst allen recht zu machen, wird leicht dem Gefälligkeitswahn verfallen. Glücklicherweise sind viele Autoren und Künstlerinnen nicht so, wie der Markt sie haben möchte. Was in all diesen Belangen Qualität ist, erfahren wir immer wieder an Beispielen, die die Künstler zur Welt bringen. Das ist wie Atemholen. Manchmal auch wie das plötzliche Einwerfen eines Fensters, womit ja keiner rechnet.

Eine der liebsten Vorstellungen ist vielleicht, dass wir meinen, wir könnten noch einmal alles mit den Augen der Kinder sehen. André Breton schreibt im Vorwort zu einem Collagenbuch von Max Ernst: »So ist, am Vorabend des Jahres 1930, unsere Idee des Fortschritts, für einmal voll Glück und Ungeduld mit Kinderaugen sehen zu können ...« Von diesen »Kinderaugen« werden wir wohl nie mehr loskommen.

In seiner aufschlussreichen Autobiographie *Zwischen Zeiten und Welten* hat Leo Lionni den »Kinderaugen der Erwachsenen« eine Absage erteilt. Er schreibt: »Ich wurde mir immer stärker der Probleme, denen Kinder gegenüberstehen, bewusst. Es wird oft gesagt – und ein wenig zu leichtfertig, wie ich meine –, dass man ein Kind sein muss, um für Kinder zu schreiben, aber das Gegenteil ist wahr. Wenn man für Kinder schreibt, muss man zurücktreten und das Kind aus der Perspektive eines Erwachsenen ansehen.«[4]

Und so halten wir es auch mit der Kunst. Nehmen wir als Beispiel das im Moritz Verlag erschienene *Kleine Museum*. Hier deutet sich an, dass es viele Wege gibt, die Magie der Dinge wirken zu lassen, nicht, wie sonst üblich, nach fotografierter, sondern nach der gemalten Wirklichkeit: eine Flasche, gemalt von Morandi, der Kamm, gemalt von Magritte, Schuhe, gemalt von Vincent van Gogh, ein Leuchtturm, gemalt von Edward Hopper, und vieles mehr. Das ist mehr also als bloße Abbildung! Hier bekommen die Dinge ein Gesicht.

Ein anderer Blickwinkel. Die satirischen Bildgeschichten von

Wilhelm Busch (vielleicht sind sie etwas in Vergessenheit geraten) gefallen Kindern, weil sie die Fehler der Erwachsenenwelt wie unter einem Vergrößerungsglas erfahren. Natürlich ist für sie die Situationskomik der Karikaturen ausschlaggebend. Ich zitiere aus *Maler Klecksel*:

Hier thront der Mann auf seinem Sitze
Und isst z. B. Hafergrütze.
Der Löffel führt sie in den Mund,
Sie rinnt und rieselt durch den Schlund,
Sie wird, indem sie weiterläuft,
Sichtbar im Bäuchlein angehäuft.

Über diesen Versen sieht man ein fröhliches Strichmännlein sitzen, sieht die Hafergrütze, wie sie das Bäuchlein füllt – alles so frisch, als wäre es gerade erst geschehen. Wort und Bild verbinden sich auf lustvolle Weise. Ich erinnere auch an die frühen satirischen Bildgeschichten von Rodolphe Toepffer (Goethe lobte sie) und an die Vater-Sohn-Geschichten von O. E. Plauen. Damit wurde eine neue Tradition begonnen, die in unserer Zeit mit der sogenannten »Frankfurter Schule« (also Halbritter, Gernhardt, Traxler, Waechter) einen Höhepunkt verzeichnet. Aber davon hat die Kinderliteratur bisher nur wenig mitbekommen.

In diesem Zusammenhang erinnere ich an die Versuche, Comics bzw. Bildgeschichten im Kinderbuchmarkt zu etablieren. In meinem Programm gab es in den 70er- bis 80er-Jahren viele Landeversuche im Komik-Land. Marie Marcks, Helga Gebert, später auch Walter Moers wären zu nennen. Eigentlich alle ohne bleibenden Erfolg. So auch die Bildgeschichten von Andreas Röckener. Seine Traumreisen mit Samantha, Isabell und Tim in *Alles im*

Traum wurden angeregt durch Winsor McCays Meisterwerk *Little Nemo in Slumberland*. Ein gewaltiges Vorbild! Erinnern möchte ich auch an die Märchen-Comics von Rotraut Susanne Berner im *Bunten Hund*, später als Sammelband *Märchenstunde* (1998) erschienen. Kurz, es gab viele Versuche.

Zur Buchillustration! Sie hat bekanntlich eine riesige Tradition, die aber nahezu abgeschlossen ist. Schon Flaubert lehnte Illustrationen ab. »Solange ich lebe«, schrieb er Anno 1862, »wird mich keiner illustrieren, denn die schönste literarische Schilderung wird durch armselige Zeichnungen zunichte gemacht.« Nun ein gewaltiger Zeitsprung: Walter Moers (seine phantastischen Romane quellen über von skurrilen Federzeichnungen des Autors), erklärt in einem Interview: »Das Ziel, das ich zu erreichen hoffe, ist das völlig illustrationsfreie Buch.«[5]

Wohin ist nun die Illustrationskunst gegangen? Sie ist ihrer großen Tradition entglitten und eine Domäne der Kinderliteratur geworden. Und die hat damit ein feines Problem; denn der Erzähler kann erzählen, was er will – das Aussehen der Gestalten und Figuren macht sich der Illustrator zu Eigen. Pippi Langstrumpf, Jim Knopf, Kästners Emil, Preusslers Räuber Hotzenplotz – kennen wir sie anders, als sie in den Illustrationen vorgezeigt sind? Dabei ist die verlegerische Entscheidung, zum Beispiel den *Emil* und andere Kinderbücher von Erich Kästner dem Künstler Walter Trier anzuvertrauen, sicher glückhaft zu nennen. Solche Entscheidungen gehen aber auch leicht daneben. Wie auch immer, es sind nun einmal Bilder vonnöten, sie verändern den Lauf oder eben auch den »Geschmack« der Geschichte. In welchem Ausmaß? Darüber lässt sich diskutieren.

Schon Lewis Carroll ist bei seiner *Alice im Wunderland* davon ausgegangen, dass ein Kind zur Geschichte treffliche Zeichnungen braucht. Seine eigenen 37 Illustrationen sind nicht so lustig ausgefallen, wie es späterhin von den meisten Zeichnern praktiziert wurde. Jede Seite dieser Wunderland-Geschichte ist ja inzwischen in aller Welt wohl schon hundertmal illustriert worden. Aber in über 130 Jahren hat keiner dieser Illustratoren die Bilder zur Erstausgabe von John Tenniel übertreffen können. Illustrationen, die so hintergründig wirken, wie es diese Geschichte fordert. Zum Beispiel jenes berühmte Grinsen der Katze ohne Katze: »Wie du willst, sagte die Katze und verschwand diesmal ganz allmählich, von der Schwanzspitze angefangen bis hinauf zu dem Grinsen, das noch einige Zeit zurückblieb, nachdem alles andere schon verschwunden war.«

Damit sind wir mitten im Entstehungsprozess. Welchen Einfluss hat denn der illustrierende Künstler auf eine Geschichte, die doch unbedingt *auch* seine Geschichte werden muss? Wie entstehen Illustrationen? In der Regel sind es Auftragsarbeiten, besonders im Bereich der Märchen und Klassiker. Und dabei wird es schwierig; denn der Künstler muss das bekannte, vielleicht schon zum Klischee gewordene Bild seiner Vorgänger meiden und etwas Neues wagen. Denken Sie zum Beispiel an die vielfach illustrierten Abenteuer des hölzernen Pinocchio. Dazu habe ich allein schon drei Varianten mit verursacht. Aus der Illustration, die Sabine Friedrichson für mich begann, wurde erstens eine wunderschöne Ausgabe mit der Übersetzung des originalen Romans von Collodi, erschienen im Insel Verlag, weil die geplante Übersetzung von Christine Nöstlinger zu einer umfassenden Neuerzählung geriet und nunmehr, zweitens, eine ganz andere Illustration erforderlich machte, dieses Mal farbige Bilder von Nikolaus Heidelbach. Christine Nöstlinger hatte dem liebwerten langnasigen Holzkerl ein völlig neues Erzählgewand verpasst. Man vergleiche die beiden

Illustrationen, lege noch die von Innocenti oder Helen Oxenbury daneben, vielleicht noch die Federzeichnungen der Originalausgabe – dann begreift man, wie verändernd Illustrationen wirken können. Christine Nöstlingers *Pinocchio* wurde später auch ins Spanische übertragen und nun übernahm der große spanische Maler Antonio Saura die Illustration der großformatigen spanischen Ausgabe. Hier kann nun von Illustration kaum noch die Rede sein: Erzählen wird zu einem Fest der Farben. Natürlich auch zum verlegerischen Wagnis.

Eigentlich (nicht nur eigentlich) sind die Verleger verantwortlich für alles, was in den Buchhandlungen in gedruckter Form vorliegt. Der Künstler malt Bilder, der Verleger macht sie bekannt – oder auch nicht. Er ist Auftraggeber. Und es sind seine Vorliebe und seine Voraussicht für etwas, das ja erst noch entstehen muss.

Die Geschichten von Jürg Schubiger sind dafür ein Beispiel. Ich habe mich mit ihrer Durchsetzung und der gemäßen Illustration jahrelang schwer getan. Nach und nach entstanden unterschiedliche Illustrationen in immer neuen Ausgaben, die leider allesamt nur spärlich verkauft wurden. Das lag aber sicher nicht an den Illustrationen von Klaus Steffens und Edith Schindler. Der Erfolg stellte sich erst viele Jahre später ein, als der sinnsuchende »Erzählton« von Schubigers Geschichten mit einer sinnsuchenden Zeitströmung und mit farbigen Bildern von Rotraut Susanne Berner in einer neuen Ausgabe unter dem Titel *Als die Welt noch jung war* zusammenkam. Rotraut Susanne Berner illustrierte dicht am Text und variierte ihn dennoch so frei wie möglich: Aus Wörtern wachsen Bilder und Bilder sind Wörter.

»Dieses hier ist die Farbe meiner Träume«, schreibt Joan Miró unter einen hellblauen Farbklecks. Und bei Elisabeth Borchers fand ich das Gedicht *Nerudas Blau*: »Das Blau war außer sich vor

Freude/Als wir geboren wurden./Denn zuerst war das Licht/ Dann folgte das Blau/Dann folgte der Mensch/Und das Blau erfand ein paar Maler/Und dann und wann einen Dichter dazu.«

Was aber sieht man zuerst, Farbe oder Form? Wecken Farben Gefühle? In Goethes *Farbenlehre* liest man: »Die Menschen empfinden im Allgemeinen eine große Freude an der Farbe. Das Auge bedarf ihrer, wie es des Lichtes bedarf.« Gelb und Orange rechnete Goethe zur Plusseite: »Sie stimmen regsam, lebhaft, strebend.« Blau hingegen rechnete er zur »Minusseite«. Also eine unberechenbare Empfindungsfarbe? (Zum Beispiel bei Einbandgestaltungen, so jedenfalls meine Erfahrung.) Günther Stiller, der zum Start meines Programms 1971 die Gesamtausstattung übernahm, wählte ein leuchtendes Orange (damals die Warnfarbe für Schülerlotsen) – es wurde für mehr als ein Jahrzehnt die vorherrschende Programm-Farbe.

Natürlich erinnere ich mich an alle Bilder und Bücher von F. K. Waechter, die ich verlegt habe, wie sie entstanden sind. Waechter wollte sich auf keinen Fall wiederholen. Stets entwickelte er neue Ideen in einer anderen Form: *Opa Huckes Mitmachkabinett*, die gezeichneten und gereimten Rollenspiele *Brülle ich zum Fenster raus* und schließlich die drei *Wandgeschichten*, Poster, die man ausbreiten und stundenlang lesen, betrachten, bearbeiten kann: Mitmachbilder – jedes Kind kann seine eigenen Kunstwerke schaffen. Anschauen ist Mitmachen, höchste Stufe der Selbstverwirklichung.

Waechters Kunst ist immer, auch im Mantel der Märchenform, von existentieller Bedeutung. Wie in seinen dramatischen Stücken (er nennt es »Erzähltheater«) sinniert er auch mit seinen Bildern über die Dinge des Lebens. Es sind schöpferische Spiele. Ohne Zweifel ist Waechter einer der kreativsten Künstler (nicht nur) der

Kinderbuchszene. Als ich ihn zu verlegen begann, war mir dies durchaus klar. Bis zum heutigen Tag liebe ich seine Bilder. (In diesem Sinn könnte ich weitere Künstler und Künstlerinnen nennen!)

Die Reise von F. K. Waechter ist eine der rätselhaftesten Bildgeschichten, die ich kenne. (Selbst Alice Miller hat sie zu deuten versucht.) Sollte man sie Kindern anbieten? Ich habe sie in meiner Märchensammlung *Daumesdick* veröffentlicht. (Die Originalausgabe ist bei Diogenes erschienen.) Ein Kind wird abgeholt von drei Onkeln. Der erste wird von einem Löwen angefallen, der zweite von einem Lastwagen überfahren, der dritte stürzt vom Berg – ehe das Kind von himmlischen Kräften gerettet wird.

»Am Anfang war Tohuwabohu und Suppe.« So beginnt F. K. Waechter sein Bilderbuch *Die Schöpfung*. Ein Klacks Farben, und schon ist der Anfang gemacht! Eine glänzende Inszenierung, auch mit allerhand grafischen Einfällen. Waechter hat sich, verlegerische Kostenkalkulation missachtend, von allen Konventionen gelöst. Herausragend sind Format und Gestaltung. Wie überhaupt Schrifttype, Schriftgröße, Druckfarbe, Papierfarbe entscheidenden Einfluss darauf haben, wie der Inhalt am besten zu erleben ist. Auch in dieser Beziehung zeigt sich, wie ernst es ein Verlag mit seiner Kunst meint.

Als ich Dieter Brembs, studierter Biologe und Professor für Zeichnen und Grafik, kennen lernte, fiel mir auf, wie genau er Tiere in ihrer Wesensart zeichnet. Aber aus jedem natürlichen Anfang entwickelte er spielerisch skurrile Absurditäten: Drachen, Maul- und Augentiere, Geisterhirsche, Knallbacken- und Wendehalsfische, lauter unmögliche Tiere. Er zauberte sie mit Zeichenfeder, Kugelschreiber, Pinsel, Schere, Klebstoff auf getöntem oder bedrucktem Papier in zwei Farben, Schwarz und Weiß, mit allen ihren Zwischentönen. Für mich war das die Erfindung einer anderen Tierwelt. Der Name Brembs signalisierte mir den »richtigen« Buchtitel: *Brembs Tierleben.* Vielleicht wäre dieses Buch ohne diese glückhafte Namenskonstellation nicht entstanden. So aber war es – vorgedacht – schon da! Es entstand also ein Verwandlungsbilderbuch, Fliegendes, Schwimmendes aller Art, eine collagierte Tierwelt ohne Vorbild. Wer so viel zeigen kann, muss auch erzählen können. Ein Bilderbuch von fast 300 Seiten braucht Typographie, also Texte, Beschreibungen, erfundene Tiernamen und so weiter. So wurde der Zeichner Dieter Brembs auch zum Dichter seiner Bilder und aus merkwürdigen Bildgeschöpfen entstanden Wortgeschöpfe.

»Man sieht nur, was man weiß«, hat nicht nur Goethe erkannt. Aber ein Kind weiß nichts. Es ist ohne Erfahrung, ohne Vergleiche. Was also sieht ein Kind in dem Bild? Kurt Kusenberg erzählt eine Geschichte, da schlüpft das Kind ins geliebte Bild und kommt nicht mehr zurück. Die Eltern stehen vor dem Bild und finden ihr Kind nicht mehr: *Der verschwundene Knabe*. Oder die verbotene Tür im Märchen, eine abgründige Metapher. Eines Tages wird das Kind die verbotene Tür heimlich öffnen. Und was geschieht dann? Dies alles gehört zu den magischen Bereichen, nicht nur im Märchen. Wann immer ein Kind das Paradies der frühen Bilder verlässt, es wird ihm unvergesslich bleiben.

Was Bilder verborgen halten, finden Kinder sofort. So ist auch das Bilderzählen in meinem Kindermagazin *Der Bunte Hund*, das ich 1981 gründete, nicht nur für Kinder reizvoll. Die Erzählbilder von F. K. Waechter, Franco Matticchio, Nikolaus Heidelbach, Henriette Sauvant und vielen anderen haben den Kindern eigenartige Entdeckungen ermöglicht. Wie rasch doch Kinder in Bilder schlüpfen und sich identifizieren können mit Figuren und Geschehnissen!

Bisher wurden von Kindern aller Altersgruppen über 60 Bildtafeln nacherzählt. Mit Waechters Erzählbildern fing alles an. (Bilder übrigens, zu denen Christine Nöstlinger später ihren Märchenroman *Der gefrorene Prinz* schrieb.) Zum Bild *Das Flugkissen* (auf einem Kopfkissen fliegt ein Junge durch die Nacht) schreibt der siebenjährige Marco: »Es ist Nacht. Alle schlafen. Nur in einem Zimmer brennt noch Licht. Und in der Laterne. Da will der Mann die Frau küssen, aber die Frau will das nicht und wirft vor Wut ihr Kissen durch das Fenster. Der Junge will das Kissen wieder holen. Aber er merkt nicht, dass das ein Flugkissen ist. Und dann geht er hoch und fliegt nach Afrika.«

Das Bildermagazin *Der Bunte Hund* wurde eigens zur Erweiterung des Bildbereichs begründet. Natürlich auch, weil eine Zeitschrift ganz anders, also aktueller, experimenteller, mit Texten und Bildern umgehen kann. Ich konnte zur Unterhaltung der Kinder und zur Entwicklung neuer Talente geradezu üppig großflächig arbeiten, ohne gleich fertige Bilderbücher wagen zu müssen. Viele inzwischen bekannte Künstler und Künstlerinnen der heutigen Bilderbuchszene haben im *Bunten Hund* erste Veröffentlichungen bekommen. Nach der Wende zeichnete Hans Ticha fortgesetzt Monsterbilder. Auch Walter Moers, Erfinder des Käpt'n Blaubär und heutiger Großautor, begann mit Monsterbildern und Bildgeschichten im *Bunten Hund*. Dieses *Magazin für Kinder in den besten Jahren* hat mehrere Kindergenerationen mit Bildern und Texten versorgt, wobei das ansonsten kritisch beäugte so genannte »Lesealter« kaum zur Geltung kam. Bilder sind eben alterslos. (Nur die ganz dummen Bilder von den ganz schlauen kleinen Schweinchen und Häschen lassen sich eindeutig dem Krabbelfach zuordnen.) Sicher ist *Der Bunte Hund* eines der größten Innovationsprojekte auf dem Kinderbuchmarkt.

Bevor ich meine Programmarbeit für den Beltz Verlag begann, sah ich auf der Frankfurter Buchmesse Zeichnungen einer jungen Künstlerin, Sabine Friedrichson, die mich begeisterten. Sie wurde die Illustratorin der irischen Märchen *Weißes Pferd, schwarzer Berg* von Frederik Hetmann für mein Startprogramm Beltz & Gelberg. Seither verbindet uns eine intensive Werkgemeinschaft. Ihre Märchensammlung *Fundevogel* mit farbigen Bildern war sozusagen der Auftakt zur Illustration der Märchen von Hans Christian Andersen – zu einer Zeit, als es noch üblich war, Andersen in allen möglichen Ausgaben verniedlicht zu präsentieren. Mit ihren Bildern hat Sabine Friedrichson einen neuen Andersen vorgestellt. Höhepunkt unserer Zusammenarbeit ist sicher ihr Andersen-Bilderbuch *Das Leben ist das schönste Märchen, denn darin kommen wir selber vor.*

Einmal habe ich in einem schmalen Hinterhofzimmer in Berlin einen großen Karton besichtigt, den der Künstler unterm Bett hervorzog. Ich fand darin unter vielen kretzigen Blättern eine geeignete Bildgeschichte für das damals in der Vorbereitung befindliche Kindermagazin. Die Bildgeschichte *Das Fest* hat den schönen Anfangssatz: »Es ist anzunehmen, daß sich die Eltern nicht ganz über die Folgen im Klaren waren, als sie ihrem Franz erlaubten, seinen sechsten Geburtstag allein nach seinen Vorstellungen zu gestalten.« Der Besitzer des Kartons unterm Bett war Germanistikstudent in Berlin und heißt Nikolaus Heidelbach.

Nikolaus Heidelbach sagt, man müsse feste Geschichten schaffen, die Sicherheit haben. Kinder machten sich sowieso ihre Bilder selber. Seine Bildergeschichten sind lange vorbereitet. Er beobachtet, erkundet das Milieu seiner Geschichten, bevor er sie seinen Bildern anvertraut. Seine Bilder sind kleine Revolutionen gegen jegliches Vordenken.

Auch bei Heidelbach gibt es eine Entwicklung, die man an seinen Erstveröffentlichungen im *Bunten Hund* dokumentieren kann. Seine ersten Bilder, die ich verlegte, gleichen nur entfernt seinen späteren Bildern. Es fällt auf, dass nicht viele Künstler (der Kinderliteratur) so etwas wie Stilveränderungen erfahren. Viele zeichnen weiter, wie sie angefangen haben. Das hängt gewiss auch mit Sehgewohnheiten des Markts zusammen. Erfolge verführen zum Wiederholen. Der Markt (damit auch mancher Verleger) umarmt gern erfolgreiche Künstler und Autoren und drückt sie, bis sie mit ihrer Kunst in Atemnot geraten. Dafür gibt es Beispiele.

Ali Mitgutsch, nach seinen Erfolgen seit *Rundherum in meiner Stadt,* gönnte sich 1999 ein Sabbatjahr und schuf Bildkästen. Für ihn war es eine Befreiung von Marktzwängen.

Manchen Verlagen ist gute Typographie im Kinderbuch nicht der Mühe wert. Es ist so, als trauten die Hersteller der so genannten Zielgruppe ihrer Bücher, den Kindern, keinen Sinn für Buchästhetik zu. Kinder sind Anfänger im Wahrnehmen des Zusammenspiels: Inhalt – Schrift – Bild – Satzspiegel. Doch für Qualität sind sie immer ansprechbar! Wo sollen sie es sonst lernen? Vielleicht in der Schule? Fehlanzeige! Dies gibt mir Gelegenheit, auf meine Lyrikanthologie *Großer Ozean* hinzuweisen. Layout und Satzspiegel und so weiter spielen hier eine tragende Rolle. Den Gedichten von 167 Autoren und Autorinnen habe ich Bilder von 40 Künstlern und Künstlerinnen zugeordnet, sozusagen in assoziativer Form. Die unterschiedlichsten Bilder korrespondieren mit entsprechenden Texten, ohne sie direkt zu illustrieren. Eine sehr offene Form, die ich wiederholt bei meinen Anthologien angewandt habe, in meinen zehn *Jahrbüchern der Kinderliteratur* und ebenso in der Geschichtensammlung *Eines Tages*.

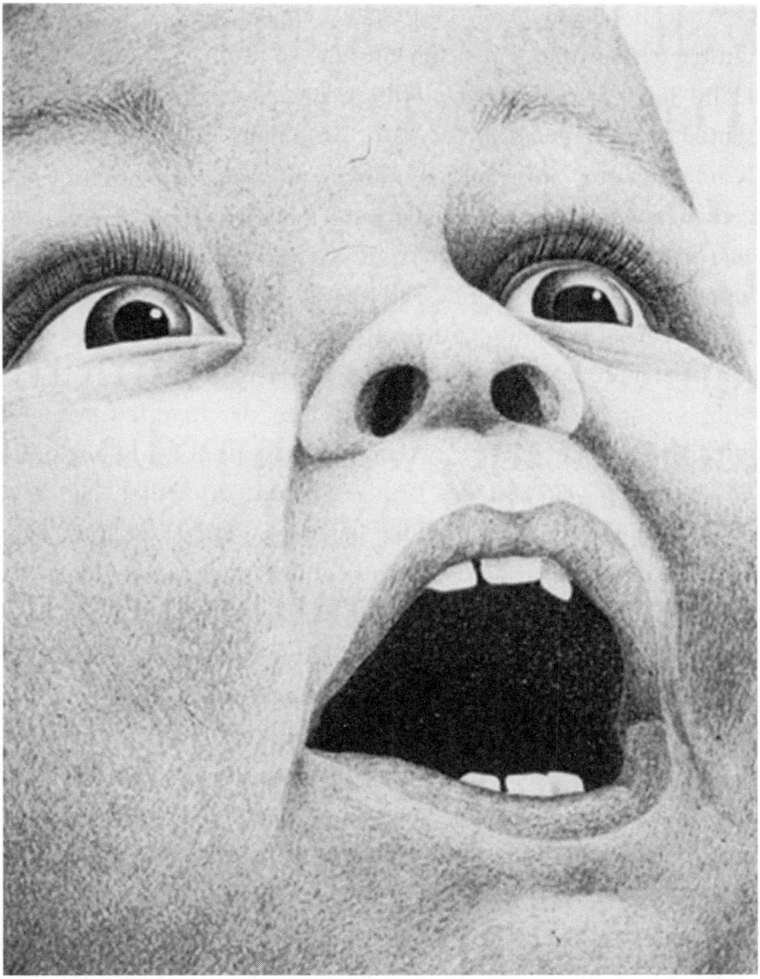

Anne Bous

»Das ist der Dabeisige Blumenkohl!« Tatsächlich, er war's! Zu Edward Lears grotesker Nonsensgeschichte (übersetzt von Josef Guggenmos) von den vier Kindern, die rund um die Welt reisen, schuf Anne Bous 90 Bleistiftzeichnungen, hier eine davon, unter dem Titel *Phantastische Reise* (1973).

Damit nicht genug. *Die Geschichte von den vier Kindern, die um die Welt segelten* von Edvard Lear wurde erneut übersetzt (von Volker Pohl) und mit 30 farbigen Bildern von Axel Scheffler versehen (1991).

Als ich Helga Gebert vorschlug, die Urmärchen der Grimms zu illustrieren, entwarf ich dafür ein kleines Format, das gut in der Hand liegt. Dieses äußerst erfolgreiche Bändchen zog weitere Bände im gleichen Format nach. So entstand eine vielbändige Märchenedition mit farbigen Bildern. Helga Gebert illustrierte dafür Hauff und Bechstein, übersetzte Märchen aus aller Welt und aus *Tausendundeine Nacht* und edierte verschiedene Auswahlsammlungen, insgesamt 10 Bände *Märchenbibliothek* mit fast 1000 farbigen Bildern. Eine Edition, die ganz bewusst die heimlichen Grenzen der Kinderliteratur überschreitet.

In meiner Kindheit kannte ich kaum Märchen. Ich erinnere mich wohl an faszinierende Märchenbilder, die Otto Ubbelohde 1922 zu den Märchen der Brüder Grimm geschaffen hat. Wie überzeugend doch Federzeichnungen ohne farbiges Beiwerk wirken können! Janosch fügte seinen Federzeichnungen zu den frech nacherzählten Grimm'schen Märchen (Anti-Märchen sagte man damals in den 70er-Jahren) als zweite Farbe Gold hinzu; denn vierfarbig war damals kalkulatorisch ein Wagnis.

Reduzierung der bildnerischen Mittel muss nicht immer eine Reduzierung der Wirkung sein. Heute sind wir derart farbverwöhnt, dass die Wirkung einer einfarbigen Grafik kaum noch wahrgenommen wird. Jahre später, als inzwischen erfolgreicher »Marktautor«, hat Janosch die Märchen erneut und diesmal farbig bemalt.

Bekanntlich ist aus den Märchen der Brüder Grimm seit Erscheinen der allerersten Ausgabe, also in über 180 Jahren, ein riesiges Illustrationswerk entstanden. An dieser Tradition hat jede Generation mitgewirkt. Und jede weitere wird es wieder tun. Immer eine Herausforderung für Künstler und ihre Verleger. Sprache und Bilder, Bilder und Sprache – immer müssen sie zusammenfinden.

Weiter Seite 65

Helga Gebert

Das Schildkrötenmädchen aus *Mutabor – Märchen der Verwandlung* (1988).

CHRISTIAN

F. K. Waechter

Was der Name klug versteckt – das Bild macht's sichtbar.

Sabine Friedrichson

Märchen von Hans Christian Andersen hat Sabine Friedrichson wiederholt illustriert, hier eine Bildtafel zu »Die wilden Schwäne«.

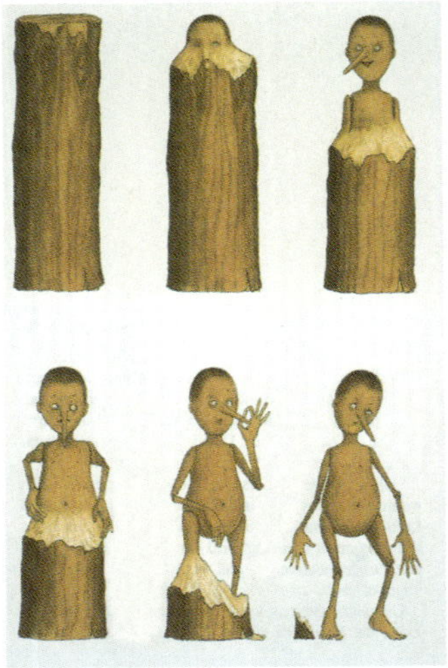

1

2

3

Pinocchio im Entstehen:
1 Nikolaus Heidelbach
2 Sabine Friedrichson
3 Antonio Saura

Nikolaus Heidelbach illustrierte den neuerzählten »Pinocchio« (1988) von Christine Nöstlinger, Sabine Friedrichson den originalen »Pinocchio« (1989) und Antonio Saura die spanische Übersetzung der Nöstlinger-Fassung (1994). Nebenstehendes Bild von Henriette Sauvant entstand ursprünglich assoziativ zu Gedichten von Josef Guggenmos und erschien eigenständig in verschiedenen Anthologien.

Henriette Sauvant

Klaus Ensikat

Jürgen Spohn

»Heiße Tränen« nannte Jürgen Spohn dieses Bild in *darum* (1984) »Mit Ganzkurzgeschichten, Versen & farbigen Wünschelbildern«.

Nebenstehendes Bild von Klaus Ensikat zum Kinderlied »Spatz und Katze« von Hoffmann von Fallersleben in *Jeder nach seiner Art* (1991).

Janosch

Kinderbild

Das Bild zum Grimm-Märchen »Der Tod und der Gänsehirt« von Janosch entstand für die Märchen-Anthologie *Daumesdick* (1990).

Der »Elefant« ist ein von Kindern (oder einem Kind?) gemaltes Straßenbild, veröffentlicht in *Großer Ozean* (2000).

Franco Matticchio

Dieses Bild wurde im »Bunten Hund« erstveröffentlicht, späterhin mehrfach verwendet: als Cover-Bild für *In der wirklichen Welt* (1990), Geschichten von Martin Auer, sowie als eigenständige Bildtafel in Anthologien, jeweils unter den hinzugefundenen Titeln »Märchen verwirkt« und »Auserzählt«.

Rotraut Susanne Berner

Andreas Röckener

Eine Seite aus den Bildgeschichten *Alles im Traum* (1989) von Andreas Röckener.
Nebenstehende Bildtafel von Rotraut Susanne Berner aus *Mutter, Vater, ich und sie* (1997) von Jürg Schubiger.

Rotraut Susanne Berner

Märchenanfang in der Bildgeschichten-Version von Rotraut Susanne Berner, erstveröffentlicht im »Bunten Hund« Nr. 46 (1997), später im Sammelband *Märchenstunde* (1998).

Jutta Bauer

Tagesbild in *Ein und alles* (1992) von Christine Nöstlinger & Jutta Bauer.

Norman Junge

Zwei Seiten aus dem Bilderbuch *immer höher* (1996) mit Bildern von Norman Junge zum Text von Ernst Jandl, wo es dann heißt: »Das haus steigt auf den berg, der berg steigt auf den mond …«

Axel Scheffler

Rätselbild für Jochen. »Spottet ja nicht des Kinds, wenn es mit Peitsch und Sporn / Auf dem Rosse von Holz mutig und groß sich dünkt« (so Hölderlin »An die Deutschen«). – Kindsein, das ist nichts anderes, als auf einem Pferd mit vier Rädern sitzen und mutig den Zügel halten, wer weiß, wohin es gezogen wird.

Nikolaus Heidelbach

Bildtafel von Nikolaus Heidelbach zu »Die Wichtelmänner« aus *Märchen der Brüder Grimm* (1995).

Immer weiß der Text mehr als die Bilder. Aber oft sind die Bilder dem Erzählen ein Stück voraus, weil jedes Kind sie sich zuerst anschaut. In welcher Tonlage erzählt wird, das hängt auch von den Bildern ab. Die gezeigten Bilder können eine Geschichte vernichten oder hervorheben und aufbewahren.

Die Aufarbeitung der Märchentradition der Grimm-Märchen brachte der Kinderliteratur in den 70er-Jahre großen Streit. Viele Jahre später (1995), wie aus einer anderen Welt, entstand dann mit den originalen Texten der Erstausgaben das große farbige Grimm-Hausbuch von Nikolaus Heidelbach. Es ist immer ein Wagnis, die alten Märchen neu zu illustrieren. Nikolaus Heidelbach hat für seine Bilder zu den Märchen der Brüder Grimm zwei Jahre gebraucht. Die gleiche Schaffenszeit brauchte er für seine farbigen Bilder zu den Märchen von Hans Christian Andersen.

Früher einmal lag *Das große Wilhelm-Busch-Album* (sehr zum Entzücken der Kinder) in jedem bürgerlichen Haushalt auf. Es war für mich das Modell der großen Hausbücher mit Bildgeschichten, die ich Janosch und später auch Erwin Moser anbot. *Die Maus hat rote Strümpfe an* von Janosch wurde wohl zum Vorbild ähnlicher Sammelalben auf dem Markt.

Der damals junge Erwin Moser aus dem Burgenland wollte anfangs nur zeichnen und illustrieren. Ich spürte in den Bildern, die er mir zeigte, seine Erzählbegabung und ermutigte ihn zum Schreiben. So entstanden seine phantastischen Geschichten und seine figurenreichen Bilder und Bildgeschichten. Sie alle kommen aus der Erinnerung an eine glückliche Kindheit auf dem Land.

Doppelbegabungen, Autoren also, die ihre Geschichten zeichnend ergänzen, oder Künstler, die zu ihren Bildern Geschichten finden, also sozusagen auf zwei Instrumenten spielen können, ha-

Erwin Moser

Mosers Geschichten zu seinen Bildern sind naturnahe Phantasien: »Der Wind pfeift um die Häuserecken. Die Bäume und Gräser biegen sich alle in eine Richtung. Huiii, da fliegen die Blätter wie Vogelschwärme! Das hätte sich die Schnecke nie gedacht, dass sie einmal so weit in der Welt herumkommen würde. Hoffentlich hat sie eine gute Landung.«

ben mich von früh an fasziniert. Sicher kann man über die Bilderkunst eines jeden diskutieren. Erwin Moser zum Beispiel ist für seine eigenen Geschichten der beste Illustrator. Seine Bilder sind ja Teil seines Erzählens. Vielleicht sogar die Hauptsache. Gleiches gilt auch für Janosch, wenn auch in anderer Form. Ebenso für Ali Mitgutsch oder Walter Moers. Aber auch Reiner Zimnik, Jürgen Spohn, Paul Maar, Frantz Wittkamp und andere mehr haben mich mit ihrer »doppelten Poetik« beeindruckt. Zuletzt Michèle Lemieux mit ihrer tiefgründigen *Gewitternacht*.

Oftmals stand (wie bei *Brembs Tierleben*) zuerst die Form, das fertige Buch vor Augen, ehe Bild und Text folgen konnten. Zum Beispiel Christine Nöstlingers Jahresbuch *Ein und Alles* sollte für jeden der 365 Tage des Jahres einen Kurztext enthalten. Es brauchte natürlich auch für jeden Tag ein farbiges Bild. Texte und Bilder mussten parallel entstehen, ein Irrsinnsplan! Bei der Vorbesprechung bestand Jutta Bauer darauf, sich mit Christine Nöstlinger im selben Wiener Café zu treffen, wo sie schon mal, etliche Jahre zuvor, als junge Anfängerin gesessen hatte. Damals traute sie sich nicht, mit der berühmten Autorin Kontakt aufzunehmen. Und nun dieses gemeinsame riesige Buch!

Christine Nöstlingers phantastischer Roman *Hugo, das Kind in den besten Jahren* begann mit riesigen Bildtafeln, einem Gewusel von Bleistiftzeichnungen von Jörg Wollmann. Dazu wollte Christine Nöstlinger (nach entsprechender Absprache) einen Bilderbuchtext schreiben. Es wurde aber ein Roman von 300 Seiten. Die Umkehrung, wie sich Wollmanns Bildphantasie in die Romanphantasie der Autorin verwandelte, hat etwas Faszinierendes: Bilder inszenieren einen Roman!

Der Mensch ist da Künstler, wo er spielt. Irgendwann sah ich eines der Skizzenbücher eines mir unbekannten jungen Künstlers.

Auf jeder Seite wunderbare Einfälle im Kleinformat, merkwürdige Episoden. Ein Hauch von Gorey, Chaval und doch etwas Eigenes mit dicknasiger Naivität. Axel Scheffler ist in wenigen Jahren einer der bekanntesten Illustratoren geworden.

Die phantastische Geschichte *Vier Kinder reisen um die Welt* von Edward Lear habe ich zweimal illustrieren lassen, einmal 1991 von Axel Scheffler und ein erstes Mal 1973 mit 90 Bleistiftzeichnungen von Anne Bous, die leider früh verstorben ist.

Bild ist nicht gleich Bild, jeder zeichnet, malt anders. Ein Problem zum Beispiel ist es für jeden Verlag, wenn er die Bildidentität, die sich in fast programmatischer Weise auf den Einbänden zeigt, mit anderen Verlagen teilen muss, weil diese den oder die Künstlerin gleichfalls mit Coverbildern beauftragen. Anfangs versuchte ich (zum Beispiel) Jutta Bauer mit ihren Bildern durch vertragliche Vereinbarung für mein Programm zu reservieren – was nur kurze Zeit funktionierte. Und hat sich erst einmal ein Stil durchgesetzt, finden sich bald andere, die sich ähnlicher Ausdrucksform bedienen.

Jutta Bauer spricht in ihrer Dankesrede zum Katholischen Kinderbuchpreis für *Opas Engel* von ihrer Sorge, nicht »selbstgefällig und am Ende wohlmöglich in der Arbeit glatt und routiniert« zu werden. Sie spricht von Demut, ja Unterwerfung unter die Leichtigkeit des Einfalls, dieses »Wundersame der eigenen Kreativität«, die manchmal auch harte Arbeit ist, »aber zumindest für mich auch irgendwie ein Wunder, ein Geschenk«.

Kunst für Kinder? Nein, für wen auch immer, es ist immer Kunst für alle! Genau genommen gibt es, um mit E. H. Gombrich zu sprechen, »die Kunst« gar nicht: »Es gibt nur Künstler.«

2002

Kleine Schule des Sehens
Wenn Bilder zum Erlebnis werden

»Der Elefant.« Wir wissen genau, wie er aussieht. Das Wort *Elefant* löst sofort ein Bild in uns aus. Es wird sozusagen angeknipst und wir *sehen* den Elefanten. Aber könnten wir ihn auch zeichnen? KünstlerInnen könnten es natürlich jederzeit. Aber ich selbst, ein übungsloser Dilettant, traue mich nicht mehr. Mit der Zeit kommt den meisten das bildnerische Gestalten abhanden. Wir lassen gestalten, haben unsere Kamera parat, schalten Geräte ein. Doch einmal, in einer bestimmten Phase unserer Kinderzeit, hat uns so ein Elefantentier – oder ein Pferd, eine Kuh, ein Hund, ein Fisch, ein Baum, ein Haus, kurz, die Welt – so sehr gefallen, dass wir malten, was uns gefiel. Wesentliches zu sehen ist für Kinder spielend leicht. Und was für ein Spiel! Ich erinnere mich an die vielen von Kindern gemalten Bilder auf dem Straßenasphalt vor meiner Garage. Wenn ich früh morgens sah, was Kinder am Tag zuvor mit bunter Kreide auf den Asphalt gemalt hatten, gab es immer etwas zu entdecken. Sehen und Wahrnehmen! Einmal sah ich zwischen kreisförmigen Gebilden einen Elefanten, so einen, wie es ihn auf der Welt nur einmal gibt – eben diesen. Der Himmel war trüb, es würde bald regnen. Ich lief zurück ins Haus, holte meine Polaroidkamera, kniete auf der Straße nieder. Abends, als ich zurückkam (die Tasche voller Manuskripte), regnete es, es hatte den ganzen Tag geregnet, der Elefant und mit ihm die kreisförmigen Gebilde waren verschwunden. Das ist wohl viele Jahre her, die malenden Straßenkinder sind längst erwachsen und wohnen inzwischen woanders. Aber der Straßenelefant, gemalt vom unbekannten Kind, lebt weiter – er ist in meiner neuen Lyrikanthologie *Großer Ozean* auf Seite 10 zu finden.[1]

Dies also vorab, sozusagen als erste Annäherung an ein sehr komplexes Thema: Man muss die Dinge (wie ein Kind) eher spielend wahrnehmen. Zum bekannten Themenkomplex Sehen – Wahrnehmen – ästhetische Erziehung (mit Bezug auf Illustration und Bilderbuch) kann ich im wissenschaftlichen Sinn nichts hinzufügen. Eigentlich bin ich nur ein Liebhaber von Bildern. Und als Verleger-Editor-Lektor habe ich mich viele Jahre auf die Bilderbuchkunst eingelassen (zweifellos mit interessanten Ergebnissen), doch mir ist stets unklar geblieben, ob Bilderbücher für Kinder zu einer anderen Kunstkategorie gehören. Gibt es da vielleicht einen Unterschied, gehören Kinderbilderbücher sozusagen in eine andere, leichtere Gewichtsklasse als Bilderbücher an sich? Oder ist dies alles nur eine der vielen törichten Gewohnheiten der Erwachsenen?

Ich weiß nicht, was einem Kind von zwei Jahren und einem von drei Jahren und einem von fünf Jahren und so weiter bildnerisch, sprachlich entsprechen soll. Ich habe auch keine Ahnung, was an den Kunstakademien abläuft und wie es offenbar dort schon zur Unterscheidung kommt zwischen Kunst und Kunst für Kinder. Ich weiß wohl, dass einige bedeutende Künstler und Zeichner von Bilderbüchern den Kunstakademien ferngeblieben sind.

Vorliebe ist für mich ein Schlüsselwort! Also zeichnen, malen, schaben, stempeln, kratzen, darstellen. Also sehen und erzählen. Künstler sind Poeten und Erzähler, nichts anderes. Dies ohne Absichtserklärung, ohne pädagogisch-erzieherisches Konzept, ohne Lehrmeinung, also im wörtlichen Sinn: Wahrnehmer. Bei so enger poetischer Verwandtschaft von Künstler und Autor kommt es nicht selten vor, dass sich die Gewichtung umkehrt, dass Erzähler auch ihre eigenen Zeichner werden. Oder andersherum: Zeichner ins Erzählen kommen. Und dann wird es so richtig spannend – ein

Poetikum allerersten Ranges. Mit Vorliebe suche ich immer wieder gerade diese Form poetischer Wahrnehmung. Wir wissen nicht, wer die Welt erschaffen hat, wir wissen aber, dass jeder Künstler seine Welt erschafft, und zwar täglich. Nicht viel anders machen es die Kinder.

So gesehen ist Kunst nicht nur vergnügliche, sondern auch nützliche Beschäftigung. Mehr noch, sie ist Antwort auf ungeahnte Fragen. Dieser Einsicht folgt zum Beispiel Leo Leonni in allen seinen Bilderbüchern. Und jedes seiner Bilderbücher ist vollkommen anders. (Ich erinnere mich, wie sehr auch F. K. Waechter stets besorgt war, sich auf keinen Fall zu wiederholen; wenngleich Verleger es gern sehen, wenn sich erfolgreiche Bücher wiederholen lassen.)

Aber das ist nicht alles. Wir wissen genau oder wir wissen es eigentlich so genau nicht, was ein Kind fühlt, das von bestimmten Bildern magisch angezogen wird. Bilder also, die man nie mehr vergisst. Man wird erstaunt sein, welche Bilder das sind. So wird Wahrnehmen existentiell. Und es macht sehr wohl einen Unterschied, ob die einem Kind vorgelesenen Märchen der Brüder Grimm begleitet sind mit Bildern von Nikolaus Heidelbach oder von Ruth Koser-Michaels, die gleich mehrere Kindergenerationen mit ihren Märchenbildern bedient hat. Bilder zu Märchen sind ja keineswegs beliebig, weder für den Künstler, der sie zeichnet, noch für Kinder, die zum wiederholten Mal einer solch magischen Welt begegnen. Immer vorausgesetzt, die Tiefe hinter den Dingen bleibt bewahrt. »Die Zeichnung eines Baumes zeigt nicht einfach einen Baum, sondern einen Baum, der angeschaut wird«, so John Berger in einem Essay mit dem schönen Titel *Der gezeichnete Augenblick.*[2] Das kann alles bedeuten. Und so bringen wir unsere Erfahrung ein: Wind, Blätterrauschen, Geruch, Vogelzwitschern, Eulenruf. Das Kind spürt vielleicht etwas vom Geheimnis des Baums. Es möchte vielleicht allein im Baum sitzen. So genau wissen wir das nicht.

Vincent van Gogh schreibt in einem seiner vielen Werkbriefe an seinen Bruder Theo: »Ich weiß wohl, dass ich Dir schon gestern geschrieben habe, aber der Tag war noch so schön. Mein großer Kummer ist, dass Du nicht sehen kannst, was ich hier sehe. Seit sieben Uhr früh habe ich vor etwas gar nicht besonders Großartigem gesessen, vor einem in Kugelform geschnittenen Zedern- oder Zypressenbusch, der mitten im Gras steht. (...) Der Busch ist grün, mit ein bisschen Bronze und verschiedenen anderen Tönen. Das Gras ist sehr, sehr grün, Veroneser Grün mit Zitronengelb, der Himmel ist sehr, sehr blau.«[3]

So der Künstler, wie er arbeitet. »Als Kind (zwischen 4 und 7 Jahren)«, erinnert sich Alberto Giacometti, »sah ich von der Außenwelt nur die Dinge, die geeignet waren, mir Vergnügen zu bereiten. Das waren vor allem Steine und Bäume, und selten mehr als ein Gegenstand auf einmal.«[4]

Wir brauchen zum Sehen (und haben es uns angewöhnt) nur einen Augen-Blick. Können wir die Bilder im Bilderbuch richtig wahrnehmen? So wie ja der Künstler beim Zeichnen auf außergewöhnlich intensive Art etwas wahrnimmt, was er eben nur beim Zeichnen finden kann. Er zeichnet sozusagen den Hintergrund und das Wesen der Dinge mit, obwohl wir davon nichts wirklich sehen können. Aber spüren können wir es doch. Dies ist ein wichtiger Aspekt, weil er deutlich macht, wie sehr unser mediales Bildzeitalter blind macht für das Wesentliche. Jahre brauchen wir, bis wir die Wörter-Sprache verstehen. Eine Erfahrung, die jeder macht und niemals vergisst. Doch auch die Bild-Sprache braucht Zeit und Übung, bis wir sie wirklich verstehen. Wie lernen Kinder sehen? Erst einmal sehen sie gar nichts, wie das Sprechen ist ihnen das Sehen noch in weiter Ferne. Sie fangen an mit dem Nicht-Sehen. Eines Tages erfassen sie Gegenstände in ihrer Nähe, rätselhafte Dinge, die alle schon Namen haben: Stuhl, Tisch, Tasse, Kerzenleuchter, Ball, Teddy – lauter Kunstwerke. So oder ähnlich fängt für jeden Einzelnen Kunst an. Und dann kommen die Dinge noch einmal – in Bildern. Da ist etwas abgebildet, das man schon kennt, aber es sieht irgendwie anders aus. »Man muss es nacherleben, wie ein Bild dazu kommen kann, mehr zu sein als einfach ein Ding zum Anschauen, und worin sein Zauber liegt«, erklärt Ernst Gombrich in seiner wunderbaren Kunstgeschichte.[5] Nochmals, Kunst fängt mit dem Sehen an. Sehr schön finde ich, was Wieland Schmied mit Bezug auf den Zeichner Horst Janssen dazu sagt: »Sehen ist die ursprüngliche Tätigkeit des Menschen. Sie steht am Anfang. Von ihr geht alles aus. Ohne sie ist nichts. In ihr ist alles beschlossen. Wenn Janssen sagt: ›Ich bin nur ganz Auge‹, dann meint er: Ich bin ganz hier. Ich lebe mit all meinen Sinnen.«[6]

Wie sieht so etwas aus der Sicht der Kinder aus? Hierzu, kurzgefasst, etwas aus meiner Erfahrung. Das Magazin *Der Bunte Hund*, ein *Magazin für Kinder in den besten Jahren,* erscheint seit 1981 dreimal im Jahr. Ab der zweiten Ausgabe (1982) veröffentlichte F. K. Waechter jeweils ein ganzseitiges »Erzählbild« mit der Aufforderung: Erzähl deine Geschichte selbst! Im Laufe der Jahre beteiligten sich weitere Künstler am bildnerischen Erzählvorschlag. Auf diese Weise sind zahllose Kinder-Erzählgeschichten von acht- bis vierzehnjährigen Autoren entstanden, also Bildinterpretationen eigenwilliger Art. Hier lässt sich jedenfalls ablesen, wie Kinder Bilder anschauen, überraschende Zusammenhänge erkennen oder konstruieren und daraus – buchstäblich an den Haaren ihrer eigenen Erfahrung – beziehungsreiche Geschichten ziehen.[7]

In den 70er- und 80er-Jahren (ich erinnere mich als Beteiligter) wurde in der Kinderliteratur der Versuch gemacht, die gewohnte Ästhetik des Sehens in Frage zu stellen. Natürlich nicht nur beim Bilderbuch. Was ist schön? Warum empfinden wir etwas als schön? Ist ein Bild schön, weil es etwas Schönes darstellt? Ist ein Bild schön, wenn es etwas Furchterregendes darstellt? Ist etwas so schön, wie es die Werbung behauptet? Ist etwas schön, weil es wahr ist? Fragen, die nie zu Ende kommen, damals nicht und heute nicht. Die meisterlichen wie gekotzt aussehenden Paranoia-Selbstporträts von Horst Janssen – wie schön sind die denn? Und Picasso – gleich haben wir Gesichter vor Augen, die wir eigentlich nicht »schön« finden können. Der Zeichner Paul Flora (Verehrer von Saul Steinberg, von Alfred Kubin und anderen Lehrmeistern) antwortet auf die Frage »Was ist schön?« lapidar: »Das so genannte Schöne und die echte Kunst sind undefinierbare Geheimnisse, die sich wandeln wie die Wahrheit selbst. Ein jeder möge dem Stern seines guten oder schlechten Geschmacks vertrauen und folgen. Was er für schön und echt hält, wird es für ihn dann wohl auch sein. Die Meinung der restlichen Welt ist überhaupt nicht wichtig.«[8]

So kommt man leicht auch zum Bilderbuch. Die krausen Kritzelporträts reimiger Viecher, die zum Beispiel Nadia Budde in *Eins Zwei Drei Tier*[9] gemalt hat – ja, sind die denn schön? Diese Bilder könnten (allerdings nicht bei Kindern) zuerst Befremden auslösen, weil sie gegen gewohnte ästhetische Prinzipien im Bilderbuch verstoßen. Doch ist gerade dieses Bilderbuch im besten Sinn gebrauchsfertig. Hier fangen Buchstaben Worte und Worte machen Bilder, und umgekehrt fangen Bilder Buchstaben und Worte: HASE **M**IT NARBE **M**IT SCHRA**MM**E **M**IT BEULE EULE I**M** BETT A**M** FENSTER A**M** TISCH FISCH.

Etwas Aufregendes passiert also: Worte malen Bilder. Ohne Worte wären die Bilder andere Bilder, möglicherweise unverständlich. Das zeigt, wie auch in Bilderbüchern Sprache dominieren kann. Doch gibt es nur wenige Bilderbücher, in denen dies so vollendet gelingt wie in Nadia Buddes *Eins Zwei Drei Tier*. Ihre Bilder sind sprachpoetische Erfindungen.

Jede Ästhetik unterliegt dem Wandel. Im Dialog verändert sie sich von Zeit zu Zeit. Sie ist Frage und Antwort. Heute prämieren wir andere Bilderbücher als vor zehn, zwanzig Jahren, und in weiteren zehn Jahren schaffen Künstler wieder andere Bilder einer Art, die wir jetzt noch nicht sehen können. Natürlich haben dann die Vorgänger und Anreger daran mitgewirkt. Bilder entwickeln sich aus dem, was vorher beeindruckte, und finden dann zur eigenen Form. Ich wüsste kaum einen spannenderen Vorgang als eben dieses Neuwerden von Bildern. »Ein Zeichenstil ist mit einer Person so verknüpft wie die Handschrift und wird sich ein Leben lang nur wenig ändern«, erklärt Albrecht Rissler in seinem Buch *Zeichnen*, das übrigens eine Fundgrube für alle ist, die Bilder sehen lernen wollen.[10]

Die Bilderbuchkunst, vorgelegte Geschichten zu illustrieren, hat eine lange, nicht immer glückhafte Tradition. Vieles passt nicht zusammen. Anders jene Bilderwelt, die dem Künstler, der Künstlerin für sich selbst gelingt. Zum Beispiel erinnere ich an Michèle Lemieux. Ihr Gedankenskizzenbuch *Gewitternacht*[11] bestätigt meine vielleicht etwas windige Theorie, dass Veränderung, also Wahrnehmung und Stil, kaum von Kunstschulen oder Verlagen, sondern einzig und allein von Künstlern geschaffen wird. Das könnte man an weiteren Beispielen festmachen. So fällt mir ein anderes Bilderbuch dieser besonderen Art ein: *Das Guten Tag Buch* von Walter Schmögner, 1974 erschienen. Damals habe ich es nur halbherzig wahrgenommen. Erst heute begreife ich seine unaufdringliche Schönheit, die in der gezeichneten schlichten Handwerklichkeit der Dinge liegt. Der Künstler erzählt, lässt die Dinge selbst erzählen. Zuvor, in einem Brief, deutet er diesen Vorgang an, da heißt es: »Aber das ist alles schon sehr lange her. Und wenn es auch gar nicht wahr ist, die Tiere und Pflanzen und der Himmel und das Wasser konnten noch miteinander sprechen. Und sie könnten es auch heute noch, wenn die Menschen nur lange genug hinhören würden. Aber die Menschen haben keine Ohren mehr und keine Nase. Die Augen sind ängstlich und blind wie die eines Regenwurms.«[12]

Im *Guten Tag Buch* ist das gesamte Inventar eines Zimmers – nichts ist vergessen – Hauptperson. Also laut Personenverzeichnis: Schrank, Bett, Tisch, Stuhl, Buch, Fenster, Schatten, Wasserglas, Staub und so weiter. Der Bewohner des Zimmers fehlt, er ist gestorben, aber die Dinge gibt es noch. Schmögner erinnert damit an etwas, was unsere blindgeprägte Wegwerfgesellschaft gar nicht leiden kann – an das lange Leben der Dinge. Wie in den Märchen von Andersen wissen die Dinge unseres Lebens mehr von uns, als wir ahnen können. Sie wollen entsprechend behandelt werden. Der Autor W. G. Sebald hat das in seinem Essay über die Bilder des Malers Jan Peter Tripps sehr schön erklärt: »Da die Dinge uns (im Prinzip) überdauern, wissen sie mehr von uns als wir über sie; sie tragen die Erfahrungen, die sie mit uns gemacht haben, in sich und *sind* – tatsächlich – das vor uns aufgeschlagene Buch unserer Geschichte.«[13]

Von Anfang an haben in der Kinderliteratur die Dinge – Steine, Bäume, Pflanzen, Tiere – viel zu sagen. Das ist ein Teil dieser Ästhetik, die ein Hineinkriechen gestattet und teilnehmen lässt am Bildgeschehen. Natürlich fällt einem gleich ein, was Walter Benjamin so vortrefflich formuliert hat: »Nicht die Dinge treten dem bildernden Kind aus den Seiten heraus – im Schauen dringt es selber (...) in sie ein.«[14]

Damit befinden wir uns im archaischen Teil dieser Betrachtung. Darüber muss nachgedacht werden. Um die Welt zu begreifen, muss ein Kind seine eigenen Bilder finden. So findet es sich auch selbst. Die so genannte Kinderkunst ist eine späte Entdeckung aus der ersten Hälfte des vergangenen Jahrhunderts. Welche positive Energie die Künstler aus der Annäherung an das kindliche Verständnis und Bildempfinden schöpften, ließ sich zum Beispiel in der Münchner Ausstellung »mit dem auge des kindes« (August 1995) verfolgen. Mit Entzücken entdeckte man Spuren jener geistigen Verwandtschaft von Kinderzeichnungen mit Bildern der modernen Kunst, eben Thema dieser Ausstellung. Die Unmittelbarkeit und Realität, mit der Kinder ihre Wirklichkeit ausdrücken können, hat damals viele Künstler fasziniert: Paul Klee, Gabriele Münter, Kandinsky, Dubuffet, Miró. Damit sage ich natürlich nichts Neues. Aber haben wir daraus gelernt, dem unverstellten Blick der Kinder anerkennende Aufmerksamkeit zu widmen? Entdecken wir ihre Spontaneität? Reiner Kunze dichtet: »O kind, was werden wir alles erst sehen/mit deinen augen.«[15]

Aber in der ästhetischen Erziehung unserer Kinder (um diesen strapazierten Begriff zu gebrauchen) tun wir so, als gäbe es »nur« jene Bildkunst, die absichtsvoll für Kinder und damit ausschließlich für Kinder entsteht. (Davon lebt schließlich ein ganzer Markt!) Dies hat zur Folge, dass diese Bildwelt *für* Kinder (und sei sie noch so interessant und eindrucksvoll) im eigentlichen Kunstbetrieb der Erwachsenen kaum eine Rolle spielt. Also ein ähnlicher Vorgang, wie er in der Wortwelt der Literatur gang und gäbe ist. Wer die Marbacher Ausstellung »Fitzebutze – 100 Jahre modernes Kinderbuch« gesehen hat, konnte nachempfinden, welcher Verlust entsteht, wenn man Kunst zweiteilt, nämlich in eine ernst zu nehmende Zone und in eine Spielzone für Kinder. Also Abspaltung nach Bedarf? So wird Kindern schon früh der Blick auf den größeren Zusammenhang verstellt. Deshalb sind auch nichtangepasste Bilderbücher von Künstlern, die ihren eigenen Weg suchen, so schwer einzuordnen. Natürlich gibt es überall, nicht nur in der Kinderliteratur, bildnerisches Kauderwelsch, aber der große Strom dieser Kunst, wo fließt er hin? Vielleicht nur in das Gedächtnis der Kinder, sozusagen als frühe Schule des Sehens? Damit könnte man fast zufrieden sein, aber als Künstler dieser Szene ist man es natürlich nicht. Und gleichzeitig wissen alle, die sich damit beschäftigen, welche künstlerische Potenz für die allgemeine Wahrnehmung verloren geht. Ich habe zudem den Verdacht, dass wesentliche Entwicklungen in der Illustrationskunst beinahe nur noch im Rahmen der Kinderliteratur stattfinden, also auch nur dort bemerkt werden, aber von den falschen Leuten.

Bildkunst ist leise, die leiseste aller Künste. Reine Augenkunst. Lärmwelt bleibt ausgeschlossen. Dennoch fehlen die Geräusche nicht. Sehend fügen wir sie selbst hinzu. Sehend ergänzen wir, was wir nicht sehen. Bilder können ja nur andeuten und uns herausfordern. So entsteht unsere eigene Bildwelt. Ein erster Einblick nach Augenmaß muss deshalb nicht falsch sein. Im Gegenteil, jedem Begreifen geht ein Entzücken voraus. Manchmal, bei entsprechenden Bildern, ist es auch ein schreckennahes Entzücken. Eine Ästhetik nur heiterer Bilder, wie sie gern erwartet wird, wäre unwahr und somit öde. Ein Kind, das schnell eine Seite überschlägt, weil es etwas sieht, was es so nicht sehen will, hat nur spontan reagiert, aber die atmende Nähe des Bildes sofort erkannt.

Dies alles hat viel mit künstlerischer Qualität zu tun. Bilder, welche die Entscheidung leicht machen, habe ich stets misstrauisch beäugt. Die Schule des Sehens, sofern wir uns ihr verpflichtet fühlen, verfügt über strenge Maßstäbe. Sie lässt auch

Zweifel zu. Sicher müssen wir auch lernen, dass es jedes Bild nur einmal gibt. Eine Schöpfung eben. Dabei hat alles eine handfeste Realität. Dieter Brembs schreibt im Nachwort zu seinem *Tierleben* (von 1974), was es braucht zur Schöpfung: »Außer dem Bleistift noch Kugelschreiber, eine spitze Zeichenfeder, auch Pinsel und Filzschreiber, Tusche und Deckweiß, Ölfarbe und Wasser, Radierer und Lineal, Schere und Klebstoff, manches bedruckte und vor allem viel, viel unbedrucktes Papier. (…) Und nicht zuletzt die Absicht, für die künftigen Beschauer und Leser etwas in Buchform zu machen, das sie gut unterhält, sie sich freuen und wundern lässt, sie aufmerksam und erfinderisch macht, und sie vielleicht auch anregt, manches Gewohnte und Bekannte neu sehen zu lernen.«[16] Dieses *Brembs Tierleben* von fast 300 Seiten (ich erinnere gern daran, bevor es vergessen wird) war damals und wäre auch heute nichts Beliebiges – jedenfalls ein Aufstand gegen alle Harmlosigkeit, die Kindern immer wieder zugemutet wird.

2000

Dieter Brembs

Warum Gedichte, warum Gedichte für Kinder?

Die Frage, *welche* Gedichte für Kinder geeignet sind, könnte eher nebensächlich sein (sie ist es natürlich nicht), doch entscheidend ist zuallererst, dass Kinder überhaupt erst einmal Gelegenheit haben, sich auf poetische Texte einzulassen. Nicht im Sinn einer feierlich-getönten Erlebnisstunde, sondern als normale Spracherfahrung: Lust auf Wörter.

Ich kenne einen Dichter, Hans Manz, der hat Wörter, die ihm und uns täglich begegnet sind, auf die Waage gelegt. Er ist Lehrer. Seine Schüler und Schülerinnen haben ihm geholfen, wie man Wörtern auf die Spur kommt. Daraus ist schließlich eine »Welt der Wörter« entstanden. Hans Manz hat erklärt, wie anders jedes Wort sein kann und dass es darauf ankommt, *wer* es spricht und *wie* es gesprochen wird. Er hat uns erklärt, wie schwer jedes Wort wiegt und wie leicht es fliegen kann. Er hat darauf aufmerksam gemacht, was Wörter alles können, nämlich: »erklären – verraten – verschweigen – preisgeben – Herzen öffnen – verletzen – trösten – verführen – verwirren« usw.[1]

Der Dichter Peter Maiwald lässt den »Wortmacher« Worte machen: »Worte macht er, blaue, gelbe/(manchmal gleiche, nie dasselbe)/Koseworte, schlimme Flüche/kluge Worte, hanebüchne/Worte, die sehr bitter schmecken/Worte, die den Mund sich lecken/Worte, die auf Zungen liegen/Worte, die das Ohr betrügen/Worte zum Herunterschlucken/Worte zum Zusammenzucken/Witzesworte, Worteswitze/Donnerworte, Blitzwortblitze/alte Worte, unerhörte/klare Worte und verstörte/reiche Worte und sehr arme/kalte Worte und sehr warme/Worte, um die Welt zu messen/Worte, um nichts zu vergessen/Worte, Worte ohne Ende/dass das Zauberwort sich fände …«[2]

Also Wörter jeglicher Form. Wir denken in Bildern. Auch in Metaphern, sie entsprechen einer tiefen Sehnsucht, weil sie etwas aussprechen, was sonst kaum zu fassen ist. Nur ein Beispiel: »Der erste Dichter der Welt stellte fest: ›Der Himmel ist blau.‹ Später erfand ein anderer: ›Deine Augen sind blau wie der Himmel.‹ Und lange nachher wagte man zu sagen: ›Du hast Himmel in den Augen.‹ Ein Poet von heute würde schreiben: ›Deine Augen aus Himmel!‹ Die schönsten Bilder sind jene, die weit voneinander entfernte Elemente der Wirklichkeit am direktesten und schnellsten verbinden.«[3]

Kinder verstehen solchen Zusammenhang; denn sie selbst befinden sich in einer Phase poetischer Sprachfindung. So können Himmel und Erde leicht zueinander finden.

Das Verhältnis der Erwachsenen zum Gedicht oder überhaupt zur Sprachpoesie ist in der Regel gestört bzw. nach der Schulzeit irgendwo stehen geblieben. Gewiss bleiben noch Versfragmente aus dieser Zeit abrufbar. Offenbar gehört das Gedicht immer wieder in den Schulbereich. Dabei spielen Lehrer und Lehrerinnen eine entscheidende Rolle. Gedichte für Kinder sind also erwünscht. Eigentlich wären sie es auch für Erwachsene, aber die meisten von ihnen haben den Zugang verloren und empfinden den Umgang mit Gedichten als wenig zeitgemäß, eben als zu schwierig. Gründe also, abzulehnen, was unbequem sein könnte. Warum ist das so? Bleibt das lyrische »Experiment« auf die Kinder- und Jugendzeit beschränkt? Es kann ja nicht an den Gedichten liegen. Oder doch?

Sich behaupten durch Sprache ist eine der wichtigsten menschlichen Errungenschaften, eigentlich die wichtigste überhaupt. Wie wir Sprache nutzen und verstehen, wie wir sie schützen und weiterentwickeln, davon hängt alles Weitere ab. Dazu gehört eben auch, dass Literatur jene Gegenwelt entwickelt, die uns aufatmen lässt. In einer Geschichte von Jürg Schubiger erzählt der Reisende:

»Ich habe Menschen getroffen, die vier verschiedene Sprachen sprechen: die Frauensprache, die Männersprache, die Hundesprache und eine Sprache, die die Kinder in der Schule lernen.«[4]

Literatur, das ist Poesie, Gedichte, erzähltes Leben, erinnerte Zeit – kurz, eine Weltreise, für die unsere Sprache glänzend ausgebildet ist. Und wer sich mit der so genannten Kinderliteratur befasst, erkennt hoffentlich bald, wie reich sie sich darbietet. Sie ist offen, offen für alle Klang- und Sprachformen; sie ist in ihren Bildern, Erzählungen und Gedichten schöpferisch. Und zwar ebenso gut und sicher, wie es in allen Literaturen der Welt unabdingbar ist. Also Kinderliteratur als immerwährender Versuch, etwas begreifen zu wollen. Als Angebot des Staunens. Als gesammelte Erwachsenenerinnerung. Als rettende Flaschenpost. Kurz, wie man eine Hilfe findet auf der Suche nach eigener Wirklichkeit. Letzten Endes eine wunderbare Wortvermehrung aus 26 Buchstaben.

Nimmt man dem Kindergedicht die althergebrachte didaktisch-erzieherische Zielsetzung, gegen die sich Kinder ohnehin auf die Dauer sperren, werden alle poetischen Gebilde flügelleicht. Eine schöne Tonfolge entsteht: Humor, Scherz und tiefere Bedeutung. Gebrauchslyrik also, die man kneten und kauen kann. Davon hat sich zum Glück viel erhalten. Es ist aber noch nicht lange her, da wurden große Teile der Kinderpoesie benutzt, um Kinder zu disziplinieren. Das hat das Kindergedicht ziemlich ruiniert. Erst seit einigen Jahrzehnten ist dies alles anders geworden: Kindergedichte lügen nicht mehr.

Was ist passiert? Die Dosis Wirklichkeitssuche der 70er-Jahre des vergangenen Jahrhunderts bewirkte auch die Emanzipation des Kindergedichts. Seither hat sich für Kinder eine andere Poesie entwickelt. Mehr noch, aus der Poesie der Erwachsenen kamen immer größere Anteile ins Kindergedicht. So ist die heutige »Kinderlyrik«, wenn man diese Vokabel weiterbenutzen möchte, ein wesentlicher Teil allgemein gültiger Lyrik. Ein gutes Kindergedicht muss letzten Endes auch ein gutes Erwachsenengedicht sein. Keine Frage, für seine Texte ist der Erwachsene *immer* verantwortlich. Gleichzeitig – liest ein Kind ein Gedicht, dann ist es zweifellos *auch* ein Kindergedicht. So gesehen ist längst nicht mehr eindeutig festzulegen (wie bisher gewohnt), was nun eigentlich ein »Kindergedicht« ist, welche Eigenschaften es haben sollte und so weiter. Jedenfalls: Respekt vor allem, was Kindern gefällt! Zum Beispiel sind viele der von Erwachsenen zunächst abgelehnten Verse, die Ernst Jandl vor und in den 70er-Jahren veröffentlichte, von Kindern, sobald sie ihrer habhaft wurden, *gleich* geliebt worden.

Eine »offene« Lyrik für Kinder bedeutet, dass sie zunehmend generationsübergreifend wirkt. Der Erwachsene erinnert sich später nicht mehr an *Kinder*verse, sondern an Verse, die ihn schon als Kind beeindruckt haben und vielleicht noch immer beeindrucken. Der Anteil der Kinder am Erwachsenenleben wächst. Vieles ist für sie zunächst wirklich nicht geeignet, aber zugänglich ist es ihnen doch. Kurz, hier ist alles offen.

In seinen Frankfurter Poetikvorlesungen »Von den Luftgeschäften der Poesie« im Wintersemester 1988/89 erinnert sich Christoph Meckel, wie ihm als Kind das Gedicht »Zu Abend mein Herz« sehr nahe kam: »… es konnte nicht besser kommen, dass ich als Kind in Verse von Trakl fiel, in die Unerschöpflichkeit des vollkommenen Gedichts, sie erneuert sich seit Jahrzehnten und nimmt noch zu. Sie begleitet Dasein, Leben und Biographie.«[5]

Gereimte, ungereimte, respektlose Gedichte, leise oder laut zu sprechen, dies gilt es herauszufinden. Ein Gedicht bleibt ein Gedicht und es ist immer ein anderes Gedicht. Gedichte richten sich an jeden, der sich darin einrichten mag. »Die Luft des Verses ist das

Unerwartete«[6], die Entdeckung einer anderen Wirklichkeit. Daran teilzunehmen stärkt eigene Vorstellungen oder ruft sie erst hervor.

Ernst Jandl begann seine Frankfurter Poetikvorlesungen »Das Öffnen und Schließen des Mundes« im Wintersemester 1984/85 mit dem Eingeständnis: »um ein gedicht zu machen/habe ich nichts //eine ganze sprache/ein ganzes leben/ein ganzes denken/ein ganzes erinnern//um ein gedicht zu machen/habe ich nichts«. Diesen Text habe ich in meine Lyrikanthologie mit Gedichten für Kinder, *Großer Ozean* (Untertitel *Gedichte für alle*), übernommen. Ich dachte daran, dass es wohl kaum eine ehrlichere Aussage gibt, wie ein Dichter seine möglichen Leser – wie ich finde, auch Kinder – darauf vorbereiten kann, sich eigene Gedanken zu machen.[7]

Schreiben, Dichten – das ist harte Arbeit! Wie Literatur, wie Poesie zur Sprache kommt, ist immer Sache der Autoren und Autorinnen. Wie Literatur zur Wirkung kommt, ist Sache der LeserInnen. Was ist ihr Besonderes, ja Einzigartiges, was keine noch so gut funktionierende, computergesteuerte Informationsmacht je übertreffen könnte? Vielleicht ist es dies: Nirgendwo werden die Schöpfung, das Licht, die Erde, der Himmel, der Mensch intensiver spürbar als in den Geschichten und Gedichten.

Die alte Frage, ob Dichter die Welt ändern können, ist längst beantwortet – sie können es leider nicht. Doch dem einzelnen Leser entstehen Erfahrungen, vielleicht eine neue Sicht der Dinge. Fest steht jedenfalls, dass wir den Kindern viel Bitternis antun, falls wir es zulassen, dass sich ihre Spracherfahrung ausschließlich aus dem immer schriller werdenden Medienstau speist. Mittlerweile droht jede Wahrnehmung erstickt zu werden von der immer perfekter werdenden Informationsinflation, deren Teilnehmer wir unabänderlich geworden sind. Hier werden die Sprachregeln der Neuzeit vorbereitet. Dabei ist doch die »Welt der Wörter« unserer Mediengesellschaft äußerst dürftig.

Aus einem anderen Blickwinkel sind Gedichte die »dichteste« Form von Mitteilungen. Hier erfahren wir wesentliche, ja unerhörte Dinge. So angesprochen, sprechen wir zurück. Es fragt, wir fragen. Es staunt, wir staunen. Wir zweifeln und glauben. Gedichte sind immer Dialog, mehr noch: Wir sind im Dialog.

Josef Guggenmos, der beharrlich als »Kinderdichter« geführt wird (er ist ein großer Lyriker), dichtet: »Ich suche einen Reim auf: Mensch. / Auf Mensch reimt – Mensch sich nur. / Nichts, was da grünt, nichts, was da blüht, / kein Ding auf weiter Flur. // Ich denke in der Welt umher: / Kein Tier, das fliegen kann, / keins, das da kriecht, kein Fisch im Meer / grüßt mit verwandtem Klang. // Ich geb es auf. Ich sage mir: / Es kann nicht anders ein. / So einzigartig ist der Mensch! / Ist er's? Er bildet sich's ein.«[8]

Die Gedichte von Josef Guggenmos entwickeln einen Dialog, der viel mehr sagt, als der Leser zunächst wahrnehmen kann. So ist es bei Gedichten üblich. Bei Guggenmos kommt noch etwas hinzu, das selten ist, auch im Kindergedicht: Demut. Dazu folgendes Haiku: »Frag nicht die Felsen,/die Schweiger. Frag ›Was ist Glück?‹/Falter und Fohlen.« Und: »Kunstwerk Spinnennetz/mir im Weg. Mich verneigend/geh ich unten durch.«[9]

Kinderfragen sind so wichtig! Und alle Kinder fragen, in jeder Generation von neuem, die großen Fragen der Menschheit: Warum? Woher? Wohin? Und sie fragen, was Erwachsene lieber verdrängen: »Was wäre, wenn …?« Und sie spielen »Ich wäre jetzt tot …«. Aber Kinder werden erwachsen. Das ist eine Realität. Doch das Kindliche in uns und besonders im Dichter bleibt das Herz jeglicher Poetik. Der große Pablo Neruda dichtet: »Nicht weiß der Fluss, dass er Fluss heißt«, und an seinem Lebensende überrascht er durch ein Buch mit nur kindlichen Fragen: »Weißt du auch, woher der Tod kommt, / von oben oder von unten«, oder: »Wie viele Fragen hat eine Katze?«[10]

Ein Kind, und das ist erstaunlich, antwortete einmal, ein Lehrer hat's notiert: »Keiner weiß es, nur die Katze.«

»... das Kind vermag alles«, dichtet Mario Wirz, »alle Wunder gehorchen seinem Befehl, / es kennt die magische Formel.«[11] Und Günter Eich, als er sterbend lag, in seinen letzten Sätzen: »Ich will gar nichts mehr, ich will anfangen zu spielen.«[12]

Günter Eich hat sich nur selten und stets äußerst knapp zum Selbstverständnis des Dichters geäußert: »Da, wo wir nicht aufmerksam sind, dienen wir der Mechanisierung der Welt ...« Und weiter: »Ich bin Schriftsteller, das ist nicht nur ein Beruf, sondern die Entscheidung, die Welt als Sprache zu sehen. Als die eigentliche Sprache erscheint mir die, in der das Wort und das Ding zusammenfallen.«[13]

Von Anfang an spüren Kinder die Magie der Sprache; denn auf für sie rätselhafte Weise stimmen Wort und Ding stets überein. Tisch ist Tisch, Stein ist Stein, Haus ist Haus, Mond ist Mond. »Eine Rose ist eine Rose.« Sprachvertrauen ist der erste Schritt zur Poesie; es *ist* Poesie.

Vielleicht ist das, was allen Gedichten zugrunde liegt, »nur« Spiel. Für Kinder ganz gewiss. Denn für sie ist ja Leben zugleich Spielen. So erfahren sie in den Gedichten *spielend* von sich und anderen, vom Leben und Sterben, von Gott und der Welt. Zugleich begreifen sie: Gedichte sind aus Wörtern gemacht. Wörter, die viel miteinander zu tun haben. Kein Wort ohne das andere: »Erdworte / überirdische Worte« (Rose Ausländer).

2001

Das Salz der Verse

Der Weg zum offenen Kindergedicht

Lyrik verändert sich und lebt in immer neuen Formen. Was vorher war, wird von Zeit zu Zeit auf Haltbarkeit überprüft. Manches lässt sich nicht kleinkriegen und wirkt fort. Anderes gerät in Vergessenheit, sicher nicht ohne Grund. Im gleichen Zusammenhang kann man auch von Lyrik für Kinder sprechen. Oder von Kindergedichten oder auch von Gedichten für Kinder – alles gehört gleichermaßen zusammen. Schließlich hängt es vom Leser ab, wie etwas angenommen wird. In jedem Fall ist grenzenlose Offenheit sozusagen das »Salz der Verse«. Das gilt natürlich auch für die Kinderpoesie unserer Tage.

Auffallend, dass die meisten älteren Gedichte nur von Kindern selbst handeln. Vielfach und in allen Tonlagen bediente der Erwachsene sich selbst mit dem Mythos Kindheit. (Diesem Zusammenhang widmet Dieter Richter seine umfangreiche Sammlung *Kindheit im Gedicht, deutsche Verse auch acht Jahrhunderten.*) Und wer näher hinschaut, entdeckt sehr bald die moralische Norm des Kindergedichts von altersher, unübersehbar bei so genannten klassischen »Kinderdichtern«. Ihre Versgeschichten enden meist erzieherisch. »Das Büblein hat getropfet, der Vater hat's geklopfet zu Haus« (Güll). Das Nachhausegehen in den Gedichten forderte jene bürgerliche Ordnung, die uns längst abhanden gekommen ist. Nichts führt in diese Poesie zurück; man muss sie einfach abhaken.

Als ich meine Anthologien einer neuen Kinderpoesie begann (1969 mit *Die Stadt der Kinder*), habe ich ausgeklammert, was hundert Jahre vorher für Kinder und über Kinder gedichtet worden war. Ich wollte eine neue Poesie mit Lyrikern der Gegenwart, allen voran Josef Guggenmos. Hinzu kamen u.a. Karl Krolow, Elisabeth Borchers, Günter Bruno Fuchs, Peter Härtling, Christa Reinig, Ernst Meister, Günter Kunert, Wolfgang Weyrauch und Walter Höllerer, dessen Spottgedicht *Das Lied vom Ranicki und anderen Onkeln im Fernsehen* damals wohl seiner Zeit voraus war. Auch mit Jürgen Spohn und vor allem mit Hans Manz entstand eine neue »Tonlage« des Kindergedichts. Alles in allem die Geburtsstunde der gegenwärtigen Poetik für Kinder, die damit begann, keinen Unterschied mehr zu machen zwischen »Kinder«- bzw. »Erwachsenen«-Gedichten. In der Nachfolge hat sich erneut viel verändert. Welt wird nicht mehr erklärt und gedeutet; sie lebt in ihrer Sprache. Eine Lyrik, die nur erklären und Weisung erteilen will, begrenzt ihre Leser. Das spüren auch Kinder. Was der Kinderpoesie heute zugute kommt, ist ihre Hinwendung zur Sprache, zum Wort, zum Klang, zum Laut-und-Leise. Damit wurde etwas geweckt, was zuvor, im großen Traditionsablauf, kaum zur Wirkung kam. Sprache ist Welt. Zweifellos gefällt Kindern die Nähe zur modernen Lyrik, obwohl sie eigentlich nicht wissen, was Lyrik ist. »Dichter wird man als Kind«, sagt Marina Zwetejewa. Vielleicht kann man auch sagen, Kinder sind von Anfang an Dichter. (Ob sie es bleiben, ist stets ungewiss.) Zuerst sind aber Kinder alles zugleich: Höhlenbewohner, Spieler, Künstler, Philosophen. Vor allem sind sie kühne Wortforscher. Davon hängt ja ihre Existenz ab. Kein Zweifel, weitergedacht bietet die moderne Lyrik, wie wir sie seit Schwitters, Arp und Jandl kennen, Kindern erstaunliche Landeplätze.

Unversehens ist Ernst Jandl (keineswegs absichtsvoll) einer der wichtigsten Lyriker der Kinderliteratur geworden. Angefangen hat es wohl damit, dass Schullesebücher einige seiner Gedichte in ihren Kanon aufnahmen. Jandl selbst berichtet von Zuschriften begeisterter Kinder mit eigenen Sprachschöpfungen zu *ottos mops*. Und Jandl-Texte als Bilderbuchvorlage – schon für kleine Kinder ein absoluter Hit! Erwachsene mögen zögern, unsicher vielleicht, doch Kindern unterschiedlichen Alters macht das Jandl'sche Sprachspiel einfach Spaß. Hier ist alles offen. Keine Handhabe mehr, dem Kindergedicht irgendwelches Regelwerk überzustülpen. Jandl hat nicht für Kinder geschrieben, aber viele seiner Texte sind im Kindlichen angesiedelt. »In jedem Menschen ist ein Kind verborgen«, lautet die Präambel zu Christian Morgensterns *Galgenliedern*, die auch Kindern zugänglich sein sollten.

Kinder sind auf ganz besondere Weise am fortlaufenden Sprachprozess beteiligt. Das macht Hans Manz mit seinen dialogischen Gedichten deutlich, zuweilen auch überdeutlich. Seine Erfahrung als Lehrer im Umgang mit Kindern prägt seine Texte: Mit Wörtern fliegen, Wörter kann man drehen, versteh mich bitte nicht falsch! Wörter, die unmittelbar zu den fünf Sinnen sprechen. Wörter, die leben, die wir sehen, fühlen, riechen, schmecken können. Wörter, die handeln und ihre Muskeln benutzen. So sinngemäß der englische Lyriker Ted Hughes in seiner BBC-Schulfunksendung »Wie Dichtung entsteht«.

Hans Manz hat gewiss an die siebenhundert Gedichte bzw. Texte vorgelegt. Nachgedruckt hat man sie in allen möglichen Schulbüchern. Das hat ihm allerdings keinen Platz im Poesiemuseum eingebracht. Man zählt ihn (wie viele andere auch) »nur« zu den Kinderdichtern. Wer für Kinder dichtet, setzt sich der Gefahr aus, als Lyriker nicht ernst genommen zu werden. Skandalös zum Beispiel, dass Josef Guggenmos nur in der Kinderliteratur-Szene als großer Lyriker wahrgenommen wird.

In meinen Anthologien und vermehrt in *Großer Ozean* gibt es viele Gedichte, die scheinbar nicht für Kinder geeignet sind, jedenfalls nach herkömmlicher Sicht – und doch, sobald solche Gedichte in Anthologien für Kinder auftauchen, werden es Kindergedichte. Weil Kinder sie auf diese Weise auch kennen lernen, vielleicht sogar bevorzugen. Es muss also nicht für Kinder geschrieben sein, was Kinder schätzen lernen. Und Zugang zum modernen Gedicht bekommen Kinder ehestens, wenn sich ein Vermittler findet, der sie begeistern kann. Kinder sollten erfahren, wie Gedichte entstehen, und sich dabei persönlich angesprochen fühlen.

Bertolt Brecht, einer der größten deutschen Lyriker, wurde *auch* zu einem Dichter für Schüler. (Das ist vielleicht heute nicht mehr so präsent.) Viele seiner Gedichte sind zuerst im Bereich der Schule wirksam geworden. So ist auch der Kinderpoetik eine neue Basis entstanden. In diesem Sinn haben auch andere »große« Dichter immer mehr Einfluss gewonnen. Wie später Hans Magnus Enzensberger gehört auch Günter Eich dazu. Seine Botschaft für Erwachsene richtet sich auch an Kinder, sie lautet: »Die Welt hört nicht auf, das muss man lernen.« Um Kinder als Leser, Hörer, Beteiligte anzusprechen, bleiben nur wenige Jahre Zeit. Kindheiten werden immer kürzer!

Was alles durch Sprache, allein durch die Macht der Wörter, geschehen kann, schildert beispielhaft Franz Fühmann in seinem legendären »Spielbuch in Sachen Sprache« mit dem verkaufshinderlichen Titel *Die dampfenden Hälse der Pferde im Turm von Babel* (1978).

Ich stelle mir vor, dass gerade bei Kindern einzelne Gedichte prägend wirken können. Für mich als Kind entstand auf einmal, nur durch den Rhythmus der Worte einer einzigen Verszeile – »Und Schnee fiel auf das Haus deiner Mutter« (Carossa) –, mein Sinn für poetische Magie: »Hier hast du / einen Regentropfen, / ein bisschen Ozean / für deinen Durst.« (G. B. Fuchs)

James Krüss hat so viele gereimte Kindergedichte gemacht, lustige, freche, anregende, alles, was man sich vorstellen kann. Aber es sind eigentlich Gedichte mit »fester Adresse«, für Kinder eben. Nachfolgendes Gedicht hat er nicht für Kinder geschrieben, und doch ist alles darin auch für Kinder genau vorstellbar:

Einfall am Ufer

Unendliches muss geschehen,
damit in der Felswand am Ufer
eine kleine Mulde entsteht.
Es müssen wechseln die Gezeiten
unter dem Monde Tag und Nacht.
Regen muss sein und Dürre
und Hitze und Frost und Wind.
Unendliches muss geschehen,
damit in der Mulde im Felsen
für eine kurze Weile sich
eine kleine Eidechse
sonnen kann.

Ein herrlicher Einfall, ohne irgendeinen lyrischen Schnörkel vorgebracht. Es ist so, wie es ist! Jeder kann es erleben.

James Krüss ergänzt (in *Mein Großvater und ich*): »Man muss die Dinge eben erlebt haben, über die man spricht. Sonst sind die Wörter leer und komisch wie deine Hose und dein Hemd da auf dem Stuhl.«

Im gleichen Zusammenhang erinnere ich an Gedichte von William Carlos Williams, dem großen Anreger der modernen amerikanischen Lyrik. Auch Gedichte von Robert Frost und Emily Dickinson kommen in Betracht. Hinweisen möchte ich auch auf Gedichte des japanischen »Kinderdichters« Michio Mado oder

Mado Michio, wenn man den Vornamen zuerst nennt. Einige übersetzte Gedichte habe ich seinerzeit im Kindermagazin *Der Bunte Hund* (Nr. 38) vorgestellt; eines davon nachfolgend zur Probe:

Dass die Fischhändler
Fische verkaufen
die Fische wissen es nicht
Dass die Menschen alle
Fische essen
die Fische wissen es nicht
die Fische im Meer nicht
die Fische im Fluss
sie alle wissen es nicht.

Auf der Suche nach geeigneten Kindergedichten haben wir der Weltpoesie kaum Aufmerksamkeit geschenkt. Ich kenne nur einen beachtlichen Versuch, nämlich die »274 Gedichte aus 75 Sprachen«, die Hans Baumann unter dem Titel *Ein Reigen um die Welt* 1965 bei Sigbert Mohn versammelt hat.

Gewiss ist der große chilenische Dichter Pablo Neruda, sofern man sein gewaltiges Werk sichtet, auch für Kinder eine erste Adresse:

Wie natürlich doch die Fische sind!
Nie erscheinen sie zu ungelegener Zeit.
Sie sind eingeladen ins Meer
und kleiden sich korrekt,
nicht eine Schuppe fehlt,
geschmückt sind sie vom Wasser.

Nerudas Gedicht *Vom Fuß seines Kindes aus* (zum Beispiel) schildert den Lebenslauf aus der Sicht des Fußes: »Der Fuß des Kindes weiß noch nicht, dass er Fuß ist/und möchte Schmetterling oder Apfel sein.« So beginnt dieses lange Gedicht.

In seinem *Extravaganzenbrevier* findet Neruda immer neue kindliche Sichtweisen, Fragen wie Kinderfragen: »Was meditiert die Schildkröte?/Wohin zieht der Schatten sich zurück?/Welchen Gesang wiederholt der Regen?/Wohin gehen die Vögel sterben?/Und warum sind die Blätter grün?«

Weltpoesie für Kinder! Ich denke an Christine Busta mit ihren sanften Versen. Marie Luise Kaschnitz und Elisabeth Borchers sind zu erwähnen. Auch Rose Ausländer gehört dazu. In ihrem umfangreichen lyrischen Werk habe ich viele »Kindergedichte« gefunden. Sie ist vielleicht die einzige deutsche Dichterin von Weltrang, die schlicht und einfach so ferne Dinge wie Vogelflug und Menschsein mit ihrer brennenden Liebe zum Wort in Einklang gebracht hat: »Wir wohnen/Wort an Wort/Sag mir/dein liebstes/Freund/meines heißt/DU.«

Kinder erfahren sehr früh, was für sie lebenswichtig ist: Worte, viele Worte, die Geschichten machen. Auch Gedichte sind Geschichten. Aber zum Lesen gehört immer wieder Phantasie. Nur so kann man Geschichten verstehen. Iso Camartin spricht von »Lesebildern«, die beim Lesen im Kopf entstehen.

Gedichte werden gemacht. Sie kommen aus einer, nein, aus vielen Erfahrungen: Einfall, Zufall, Sprachfall. Rainald Goetz definiert das Gedicht salopp als das, was Sache ist: »Text, der schnell lesbar ist, weil er aus kürzeren Zeilen gemacht ist, der dabei aber irgendein Geheimnis hat.«

Fürs Gelingen eines Gedichts ist es sicher nicht förderlich, schon im Beginn zu unterscheiden zwischen für Kinder »geeignet« oder »ungeeignet«. Festlegung oder gar didaktische Eingrenzung (oft mit einem Interpretationsschwall verbunden) kommt stets nur aus zweiter Hand. Damit hat der Dichter nichts zu tun, ihm ist jeder Leser willkommen. Allerdings, für die Qualität seiner Texte ist er allein verantwortlich. Christian Morgensterns *Problem* ist aber rein poetischer Natur:

Es flog ein Stein so weit, so weit –
und hatte doch kein Federkleid!
Es war ihm ja zu gönnen.
Indessen rechte Seltsamkeit,
dass Steine fliegen können!

2003

Günther Stiller

Was denkt die Maus am Donnerstag?, 123 Gedichte für Kinder von Josef Guggenmos, erschien 1966 mit 56 Illustrationen (in Kunststoff geschnitten und vom Original gedruckt) von Günther Stiller; diese zum Gedicht »Neujahrsnacht«:

»Diese Nacht ist ein Fluß.
Mein Bett ist ein Kahn.
Vom alten Jahr stoße ich ab.
Am neuen lege ich an.
Morgen spring ich an Land.
Dies Land, was ist's für ein Ort?
Es ist keiner, der's weiß.
Keiner war vor mir dort.«

Das große A liegt auf dem Tisch

Lyrik für Erwachsene – Lyrik für Kinder

Alles hat eine Vorgeschichte. Von Anfang an ist jedes Kind davon abhängig, was sprachlich in seinem Umfeld geschieht. Lange Zeit ist jedes Wort, jedes Ding ein Rätsel, das es lösen will. Vertraut und doch so fremd mag das alles sein – Kinder lernen Verse kennen, bevor sie ihren Sinn und Inhalt begreifen können. So entwickeln sie Ahnungsvermögen. Entscheidend ist natürlich, ob sie in dieser Phase überhaupt Reime und Verse zu hören bekommen. Wie lebensschwer wird es doch für ein Kind, das Wörter nicht genügend empfinden und probieren konnte. Nun, darüber gibt es kluge Bücher. Jedenfalls ist die erste Stufe des Kindergedichts längst überschritten, wenn das Kind mit dem Lesen beginnt und möglicherweise dann auch bald den Reimklang und fremden Ton der Gedichte erfährt. Dies alles gehört zur Poetik des Kindergedichts. Warum nun ist ein Gedicht ein Kindergedicht? Die einfachste Erklärung wäre wohl: Ein Gedicht, von einem Kind gelesen (wahrgenommen), das ist ein Kindergedicht. Aber warum und wann lesen Kinder Gedichte? Sicher gibt es dazu unterschiedliche Anlässe, meist schulischer Art. Aber nur wenige Kinder fangen von sich aus an, Gedichte zu lesen und sich anzueignen. Immer sind es die Erwachsenen, die Kinder mit Gedichten bekannt machen. Wie kann es anders sein!

Gedichte, ausdrücklich *für* Kinder gedichtet und mit nichts anderem im Sinn als zu gefallen, sind nützlich, aber wenig haltbar. Früher mischten sich ins Gefallenwollen zudem erzieherische, didaktische Absichten und mit gutgemeinten Reimen wurde vornehmlich Erwachsenenvorstellung festgeklopft. Daraus konnte und kann nichts Dauerhaftes wachsen. Hinderlich auch das pädagogische »Lesealtersstufen-Konzept« (Anno 1784 von Johann Heinrich Campe eingeführt); es sortiert die Kinderliteratur samt ihrer Lyrik nach dem Lebensalter. Wir haben es also mit lästigen Vorgeschichten zu tun. Deshalb auch haftet dem Kindergedicht etwas vermeintlich Unfertiges an; jedenfalls wird es im Rahmen der großen Lyrik für zweitrangig gehalten. Das eigentliche Gedicht im Kindergedicht wird erst gar nicht erkannt. Denn natürlich ist die poetische Substanz immer die gleiche (wenn sie denn vorhanden ist), sie ist dialogisch. Das Ich im Ged*ich*t ist das Ich des Dichters und ist das Ich des Lesers, also auch des Kindes. Wer, indem er für Kinder dichtet, sich selbst ausspart, also nur Halbheit bietet, ist im poetischen Sinn gescheitert.

Für den Leser sind Gedichte immer voller Zweifel; sie sind aber auch voller Einsicht in Dinge, die er kennt. Eigentlich gibt es keine bessere Forderung an das Kindergedicht: Es muss wahr sein. Und es gibt so viele Lesarten, wie es Leser gibt. Jedes Kind sollte Gelegenheit bekommen, sich an Texten dieser Art zu erproben.

Wie schon angedeutet, von Anfang an sind Kinder auf Sprachmagie fixiert. Stimme, Sprachklang, Reim, Rätselhaftes – alles gehört dazu. Die »Kinder-Landkarte«[1], dies ist ein Wort von Celan, folgt eigenen geographischen Begriffen. Günter Eich, in einer Rede, erklärt seine Suche nach Wirklichkeit aus der Sprache: »Ich bin über das Dingwort noch nicht hinaus. Ich befinde mich in der Lage eines Kindes, das Baum, Mond, Berg sagt und sich so orientiert.«[2]

Fahren wir also mit dem Finger auf der Kinder-Landkarte hin und her und sinnen den Worten nach, die wir dort finden. Und was wir entdecken, das sind Nischen, Höhlen, luftige Dinge. »Rechts ist die Höhle, dort lagert der Sinn.« (Wislawa Szymborska) Es zeigt sich, dass Kinderpoesie etwas Eigenes, sogar Bleibendes hat. Das poetisch Reizvolle liegt nicht nur in der einfachen Form, die man für Kinder bevorzugt, es ist mehr noch dieses verlockende »Ich-sehe-was-du-nicht-siehst«, dieses Lirumlarumlöffelspiel, kurz, dieses sprachschöpferische Unsinnmachen, aber auch das Staunen und die Stille hinter den Wörtern. Eigentlich können Kind und Dichter leicht zusammenfinden – die gemeinsame Basis ist ihre Sprachlust, beide wollen damit spielen. »Es gibt keinen größeren Ernst auf der Welt als das Spiel von *Kindern*.«[3] Und Dichter »bleiben, wenn sie Glück haben«, so Durs Grünbein, »zeitlebens spielende Kinder«.[4] Das öffnet Tür und Tor für ungeahntes Wetterleuchten.

In der modernen Lyrik ist der Endreim fast verloren gegangen, wenn wir mal absehen von der so genannten »Frankfurter Schule«, die auch eine Reim-Schule ist: F. W. Bernstein, F. K. Waechter und vor allem Robert Gernhardt haben, vorrangig zunächst in satirischer Absicht, dem Endreim zu neuer Blüte verholfen. Eine »Blüte«, die dem Kindergedicht von jeher gut zu Gesicht steht. Kinder sind nämlich reimerprobt, wenn man es ihnen vormacht. Und das fängt früh an. Jederzeit kommt Neues hinzu. Zum Beispiel das Reimspiel der Künstlerin Nadja Budde, die in ihrem Bilderbuch *Eins zwei drei Tier* dem Reim verblüffende Pointen entlockt. Und in ihrem neuen Bilderbuch *Flosse, Fell und Federbett* reimt sich's munter weiter, weil Tierwörter ihren Reim fast von allein produzieren: »Du kannst mit Hummeln schummeln, mit Hasen rasen, mit Mopsen hopsen. Vielleicht willst du mit Hechten fechten, mit Kröten flöten, mit Muscheln tuscheln oder mit Ziegen fliegen« und so weiter. Die Musik macht hier der Reim – ohne Nadja Buddes konturenreiche Bilderturbulenzen fiele er allerdings allzu beliebig aus. Hier also sind Reime abhängig von Bildern und umgekehrt. (Das haben wir schon bei Wilhelm Busch gelernt.)

Über das Verhältnis von Sprache und Bildern (Sprache und Farben), vornehmlich im lyrischen Zusammenhang, ist bislang nur wenig nachgedacht worden. Lyrik im Editionsbereich der Erwachsenen meidet bekanntlich schmückendes Beiwerk, also Illustrationen jeglicher Art. Kindergedichte sind aber, von außen betrachtet, erwartungsgemäß in Begleitung von Bildern. So bilderreich sie doch ohne Zweifel selbst sind, anschauliche Bilder als Beiwerk sind wohl unvermeidlich. Wird der Leser (das Kind) auf diese Weise in seinen eigenen Sprach-Bildern behindert? Für meine Anthologien habe ich meist in einem assoziativen Sinn illustriert. Somit sind entsprechende Bilder ins Sprachspiel einbezogen, ohne sich inhaltlich aufzudrängen. Dies scheint mir der richtige Weg zu sein.

Bisher war die Rede vom Kind und seinem Sprachspiel als Voraussetzung für eine Kinderlyrik, die natürlich zur großen Welt der Lyrik gehört. Bertolt Brecht hat daran nie einen Zweifel zugelassen. Bedeutende Lyriker haben immer wieder Reime für Kinder vorgelegt, Reiner Kunze zum Beispiel. Auch Elisabeth Borchers, die für den Insel Verlag auch Bilderbücher herausgab, wurde durch Bilder zu entsprechenden Versen inspiriert; zu einem magischen Traumbild dichtet sie:

Es war in einer schönen Nacht,
da hab ich mir was ausgedacht.
Keinen hat's gestört,
niemand hat's gehört.
Niemand hat's gesehn,
keiner kann's verstehn.[5]

Frantz Wittkamp fällt seit Jahren mit Vierzeilern auf – er nennt sie »Findlinge« –, die erkennen lassen, wie grenzenlos »Kinderlyrik«

sein kann. Es sind leichte, heitere Verse, die sozusagen dem Ernst des Lebens entschlüpft sind:

Den Denker darfst du alles fragen,
der überlegt, bevor er spricht,
um dir zu guter Letzt zu sagen:
»Ich stelle fest, ich weiß es nicht.«[6]

Kindergedichte werden von den lyrischen Sachverwaltern in ihren Anthologien kaum, nein, überhaupt nicht wahrgenommen. In der Umkehrung sieht alles anders aus: Kinderlyrik, wo immer sie das Sagen hat, öffnet sich mehr und mehr der Erwachsenenlyrik. Es ist einfach so: Kinderlyrik holt sich bei der Erwachsenenlyrik, was sie brauchen kann. Und so entstehen jene Kindergedichte, welche eigentlich nicht für Kinder geschrieben sind.

Anverwandlung ist ein Zauberwort. In meinen Anthologien habe ich immer wieder Gedichte aus der Erwachsenenlyrik geholt, Entdeckungen gewissermaßen. Alle diese Gedichte haben in der Folge eine Wanderung begonnen – durch die Lesebücher in der Schule, durch weitere Anthologien, und fortan werden sie behandelt wie »Kindergedichte« und kommen doch aus der großen Lyrik.

Die alte Kinderpoesie ist ja längst gesammelt, nun geht es darum, der neuen Poesie, der kindgemäßen (so muss man wohl noch sagen), Flügel zu verleihen. Der Fundus der Welt-Poesie ist riesengroß, darin lässt sich suchen und finden, was hier und jetzt Nähe verspricht. Ein schönes Beispiel, wie so etwas geschieht, findet sich in Sharon Creech's Kinderbuch *Der beste Hund der Welt*[7]. Diese Geschichte ist ein kleines Poetikum. Es ist die Liebeserklärung eines Jungen, der seinen Hund verloren hat und darüber zum Dichter wird. Gleichzeitig bringt eine kluge Lehrerin den Kindern bei, was ein Gedicht ist. Ihre Beispiele sind Gedichte von William Carlos Williams und Robert Frost. Und Jack, so heißt der Junge, der seinen Hund verloren hat, begreift, dass man seinen Schmerz in Worte fassen kann und dass alle Wörter ein Gedicht sein können: »Man muss nur kurze Zeilen machen.«

»Begreifen kann man am Ende nur, wovon man betroffen ist«[8], so Durs Grünbein. Poesie ist Erfahrungskunst. Das gilt für alle Gedichte, wo immer sie herkommen. Auch für Gedichte der Kinder-Poesie. Kinder spüren, was stimmt und was nur so behauptet wird.

Meine Anthologie *Großer Ozean, Gedichte für alle* bringt zum Beispiel zwei Gedichte von William Carlos Williams, beide erlebnisnah nachvollziehbar, eines handelt davon, wie die verstorbene Katze im Hinterhof beerdigt wird, das andere vom nächtlichen Naschen. Übrigens ein berühmtes Gedicht, hier in der Übersetzung aus dem Amerikanischen von Hans Magnus Enzensberger, oft zitiert und parodiert:

Nur damit du Bescheid weißt
Ich habe die Pflaumen
gegessen
die im Eisschrank
waren
du wolltest
sie sicher
fürs Frühstück
aufheben
Verzeih mir
sie waren herrlich
so süß
und so kalt.

Das alles ist natürlich auch Kindern erfahrungsnah genug, so dass sie Lust bekommen, ihrerseits Ähnliches zu versuchen. Hierzu passt wohl auch folgender *Briefwechsel* von Heinz J. Zechner:

Sehr geehrte Frau Meier!
Ihr Sohn Markus
isst während des Unterrichts
und arbeitet nicht mit.

Sehr geehrter Herr Lehrer!
Ihr Schüler Markus Meier
hält sein Zimmer nicht in Ordnung
und bröselt während des Fernsehens
Kartoffelchips auf den Teppich.[9]

So habe ich immer wieder Ereignis-Texte ausgewählt – Angebote, selbst aktiv zu werden. Aber mit Worten kann man nicht alles sagen, wichtig ist, was zwischen den Worten geschieht. Manches Kind spürt durchaus, dass da noch mehr ist, als Worte sagen können. Worte übrigens, die im Wörterbuch, so für sich allein, trocken und spröde wirken. Aber dann, in den Gedichten, können sie bis zum Herzklopfen bedeutungsschwer sein.

»Ach, aber Ach!« (schreibt Ernst Klee unter der Pinselzeichnung eines Gesichts), das sind Wörter, die mit **A** anfangen! **A** – erster und schönster Buchstabe des Alphabets!

Auf eine Zeichnung von Jürgen Spohn hat Ernst Jandl ein Gedicht gemacht. Es beschreibt, was jeder sehen und nicht sehen kann.

der tisch
das große A liegt auf dem tisch
das messer liegt zur rechten
die gabel liegt zur linken

die lade ist geschlossen
der tisch steht auf vier beinen
wenn ich auf diesem bilde bin
dann bin ich in der lade drin[10]

In der Lade drin – angefangene misslungene fertige Gedichte?

Ernst Jandl hat in vielen seiner Gedichte überraschende Nähe zum Kindsein gefunden. Kinder haben längst einen guten Teil seiner Gedichte annektiert. Ernst Jandl berichtet von Kindern, die sein »ottos mops« variiert haben: »Jetzt weiß also jeder, wie so ein Gedicht gemacht wird, und jeder kann es selbst versuchen, und es werden sehr viele neue Gedichte entstehen, schöne Gedichte.« Zugleich erklärt Jandl seine eigene Poetik: »Sein bestes Gedicht kann nur ein einziges sein. – Dieser Ansicht bin ich nicht: Eines kann das beste sein, um es still für sich selbst zu lesen; eines kann das beste sein, um die Leser oder Zuhörer zum Lachen zu bringen; eines kann das beste sein, um die Leser oder Zuhörer ganz ernst und nachdenklich zu machen. So können viele Gedichte das beste sein, und zwar jedes auf seine eigene Weise.«[11]

Jandl ist längst verschult und didaktisiert. Aber es hat ihm nicht geschadet. Zum Glück bekommt man ihn nicht in den Griff! »Der Mann ist ein Wolf im Schafspelz. Er sagt das eine, meint aber das andere«, so eine Interpretation. Und weiter: »Jandl war und ist ein beliebter, dankbarer Unterrichtsgegenstand in der Schule. Wenn die Lyrik bei den Kids nicht mehr anzukommen droht, lässt sich mit Jandl'schen Gedichten wieder glucksendes Wohlwollen erzielen.«[12]

Wohin strebt nun die moderne Kinderlyrik? Jandl ist vielleicht der vorläufige Endpunkt einer Entwicklung, die einmal mit Christian Morgenstern und in gewisser Weise auch mit Joachim Ringelnatz begonnen hat. Was diese betrifft, so hat das Kindergedicht durchaus Nachholbedarf. So fern sind sie sich nicht, Morgenstern und Jandl.

Ein Glücksfall der Kinderpoesie beginnt mit einer Nonsensfrage: »Was denkt die Maus am Donnerstag?« Josef Guggenmos (was für ein schöner Dichter-Name!) fragt, und wir verdanken ihm einige der schönsten Kindergedichte deutscher Sprache. Man muss schon zurückgreifen auf den menschenliebenden Matthias Claudius einerseits und den nonsensspitzigen Edward Lear andererseits, um die Spannweite dieses Dichters anzudeuten. Er ist der universale Kinderdichter unserer Zeit. Bei der Edition seiner Kinderlyrik habe ich einige seiner Gedichte einfließen lassen, die nicht für Kinder gedichtet sind. Das macht offenbar keinen Unterschied, niemand hat es bemerkt. Und sein kundiger Versblick sieht die große und kleine Tierwelt, wie sie ist. Maus, Katze, Elefant, Dachs und Regenwurm, könnten sie lesen, würden sich wiedererkennen; wir jedenfalls sehen sie lebendig vor uns.

Josef Guggenmos ist ein stiller Beobachter der Natur, ein Lehrmeister. Ein Beispiel nur: »Apfel aus meinem Garten:/Ich kannte ihn schon,/als er Kind war: als Blüte,/weiß, rosa behaucht.//

Kaum berührt, sinkt mir/in die Hand heut der Apfel –/er duftet nach Mai.«[13]

In ihrem Lyrikkanon der ZEIT-Schülerbibliothek[14] verzichtet Ulla Hahn auf lebende Autoren. Was sie vorschlägt, ließe sich kontrovers diskutieren. Zum Beispiel fehlt Ringelnatz und Morgenstern ist mit *Fisches Nachtgesang* nur dürftig vertreten. Mit dem Ausklammern der Lebenden macht es sich Ulla Hahn leicht; denn sie meidet das Wagnis des neuen Gedichts. Lyrik entsteht aber immer wieder neu und ist der Gegenwart verpflichtet.

Gern möchte ich erklären, was denn nun ein gutes (Kinder-) Gedicht ist. Aber kann man das erklären? Muss man es nicht eher bewundern, wie man vielleicht einen Vogelflug bewundert? Ein Gedicht kann vieles sein. Wallace Stevens sagt: »Ein Gedicht ist ein Fasan, der im Unterholz verschwindet.« Hans Magnus Enzensberger, dem wir schon viele Versuche über das Verfertigen von Gedichten verdanken, erklärt in *Lyrik nervt!*, seiner Anleitung für gestresste Schüler: »Die haltbarsten Gedichte sind vielleicht wie eine Zwiebel gebaut. Die Außenhaut einer Zwiebel glänzt in einer wunderbaren Farbe, die zwischen Rosa, Braun und Orange schillert. Sie ist nicht zum Essen da, sondern zum Anschauen. Wenn man sie ablöst, kommt die erste weiße Schicht darunter zum Vorschein, und je weiter man nach innen vordringt, desto heftiger wird das Aroma. Es gibt Gedichte, die nach diesem Modell gebaut sind.«[15]

Was sind nun die Themen der Kinderpoesie? Noch vorgestern kümmerte sich Kinderlyrik um Natur und Jahreslauf, um Wind und Wetter. Die Anthologien ordneten sich nach den Jahreszeiten. Davon ist schon lange nicht mehr die Rede. Meine 1969 erschienene Lyriksammlung *Die Stadt der Kinder*[16] verlagert den Blick auf soziale Aspekte, auf Zusammenleben in Stadt und Land; Natur und

Leben der Tiere sind nahezu abgemeldet. Damit befand sich die Kinderlyrik im Gleichklang mit der modernen Lyrik. Sprache wurde untersucht, Wirkung der Wörter probiert. Hans Manz hat mit seinen schulerprobten Gedichten eine Sozialgeschichte des Kindergedichts vorgelegt: Seine *Welt der Wörter*[17] sammelt über 700 Texte in allen Tonarten, heitere, ernste, fragende und so weiter, die den Doppelsinn und Hintersinn der Alltagssprache erkunden.

Zurückzufinden in »kindgemäße« naturnahe Dichtung – Josef Guggenmos hat unbeirrt daran festgehalten –, mag schwer fallen. Eine Gesellschaft, die ihre Meere vergiftet, die Bäume sterben sieht, Tiere ausrottet, die Atmosphäre zerstört und damit die Grundlage ihrer eigenen Existenz vernichtet – wie soll sie Kindergedichte veranstalten, die Hoffnung wecken? Mit anderen Worten, das Kindergedicht heute kann zwar immer noch traditionell daherkommen, daran kann man sich freuen, aber es kommt nicht daran vorbei, auch bittere Wahrheit auszusprechen. Mein *Ozean* enthält auch einige Gedichte, die ich vor zehn Jahren keinem Kind hätte zumuten wollen. Kinder wissen nun schon viel und sind bereit, lange Zeit jedenfalls, uns zuzuhören. Doch nichts lässt sich erklären. Den Schrecken der Welt ist nicht beizukommen: Kinderpoesie kann auch schweigen. Retten wir uns, wenn es uns die Sprache verschlägt, ins Spiel mit den Worten. Dort klopft ja ohnehin das Herz der Kinderlyrik. »Sprache ist von uns gemacht«, so Ernst Jandl, »und wir können, dürfen, sollen alles mit ihr machen, was mit ihr zu machen möglich ist – ohne Scheu, ohne Ehrfurcht, doch dafür mit Freude, Liebe, Heiterkeit.«[18] Damit ist ausgesprochen, was Kinderlyrik im Kern bedeutet: Freude, Liebe, Heiterkeit. Davon lebt das Kindergedicht.

2005

Das erzählte Kind

»Erdenfern und unverfroren sind Kinder.«[1] Walter Benjamin hat diesen Satz geschrieben. Von ihm fällt in den 20er–30er-Jahren ein Licht auf die Kinderliteratur. Und er ist uns noch heute ein großer Anreger. Seither, besonders in den Jahren nach 1960, ist die Kinderliteratur in unserem Land zu enormem Reichtum gekommen. Immer noch denken wir über die Kinder nach. Alle diese Vorstellungen, die Erwachsene von Kindern haben, lassen sich leicht in der Literatur, die sie für eben diese Kinder schreiben, nachweisen. Und zwar auf hunderten, ja tausenden von Seiten. Es ist sozusagen ein immerwährendes, sich immer wieder erneuerndes literarisches Porträt. Weil wir vom Kind erzählen, glauben wir viel vom Kind zu wissen, beinahe alles. Aber wissen wir wirklich alles? Erzählen wir nicht eher von eigenen Vorstellungen, allesamt Versuche aus zweiter Hand, aus erwachsener Hand eben? Wir selbst haben uns doch aus der Kindheit, von der wir erzählen, längst entfernt. Was können und was dürfen wir zurückholen? Gewiss, da sind die Kinder selbst, die wir befragen und erleben können. Christine Nöstlinger hat in ihrer Frankfurter Rede eben diesen Gedanken ausgesprochen: »Schauen und hören wir einfach den Kindern beim Leben zu. Sie versuchen ja ohnehin mit aller Kraft, uns mit ihrer Art zu denken und zu fühlen vertraut zu machen. Sie erfinden Geschichten für uns, sie spielen uns vor, sie sind unermüdlich bemüht, uns Einblick in ihr Denken und Fühlen zu geben.« [2]

Damit ist angedeutet: Mehr können wir eigentlich nicht tun! Denn ob es uns mit unseren literarischen Mitteln gelingt, Kinderwirklichkeit unverfälscht zu schildern, wissen wir nicht. Aber wir versuchen es immer wieder von neuem. Früher einmal, als Kinderliteratur noch ein hoffnungsvoll gewähltes Erziehungsmittel war, damals waren ihre Strukturen sehr einfach, um nicht zu sagen, bequem – über allem hing das Transparent: »Alles wird gut!« Mittlerweile haben Kinder, Jugendliche sich selbst beteiligt an ihrer Literatur. Umberto Eco zitiert in einer Glosse über versäumte Bestseller das (fiktive) Lektoratsgutachten eines holländischen Verlages zu einem Buch, das eine Jugendliche geschrieben hat: »Das Mädchen hat, scheint mir, keine besondere Wahrnehmung oder Gefühlstiefe, die das Buch über die Stufe der bloßen ›Kuriosität‹ heben würde.« Gemeint ist das *Tagebuch der Anne Frank*. Dieses Tagebuch bekam Anne Frank zu ihrem 13. Geburtstag geschenkt. In den verbleibenden zwei Jahren ihres Lebens wurde es ihr unentbehrlich. Darin steht auch der Satz: »Keiner weiß, wie toll Schreiben ist.« Die niederländische Erstausgabe, damals noch leicht gekürzt, erschien 1947, die deutsche Erstausgabe, ebenfalls fürsorglich gekürzt, erschien 1950. Nun ist es lange schon unentbehrlich für die Kinderliteratur. Und seither gilt ein anderer Maßstab.

Wir wissen längst, dass die Wirklichkeit der Kinder, die mit Peter Härtlings berühmter Rede vor 38 Jahren eingefordert wurde, anders ist, als es sich die Erwachsenen gerne vorstellen. Das aber weiß man eigentlich schon seit Rousseau und seit Karl Philipp Moritz' psychologischer Roman *Anton Reiser* mitten hineingeführt hat in die Nöte von Kindheit und Jugend. Seither haben sich viele Autoren mit Kindheiten befasst. In der neueren deutschen Literatur wohl kaum eine Autorin so intensiv, wie wir es in den autobiographischen Texten von Marie Luise Kaschnitz vorfinden. In ihrem *Haus der Kindheit* betritt sie als erwachsene Besucherin ein Kindheitsmuseum, in dem sie frühe, elementare Erlebnisse noch einmal erleben, erfühlen, erleiden muss. Insgeheim vermutet sie, dass auch die scheinbar behütete Kindheit von Schrecken und Ängsten bedroht sein könne, von deren Ausmaß man sich keinen Begriff mache. Kurz, ich empfehle allen, die sich mit Kinderliteratur befassen und der Herausforderung dieser Literatur entsprechen wollen, dieses *Haus der Kindheit* von Marie Luise Kaschnitz zu lesen.

Wenn wir Kindern etwas erzählen, sind es doch vorzugsweise Geschichten, die von Kindern handeln. Dabei suchen wir das Kind in vielerlei Gestalt und entdecken es in Verkleidungen aller Art. Erwachsene, wenn sie ihre eigenen Adressaten sind, haben es vergleichsweise leicht. Ihre Antwort auf die Frage nach dem Sinn des Lebens könnte so lauten, wie es einmal Anton Tschechow in einem Brief (1904) lakonisch formuliert hat: »Du fragst: Was ist das Leben? Das ist, als wollte man fragen: Was ist eine Mohrrübe? Eine Mohrrübe ist eine Mohrrübe, mehr ist darüber nicht zu sagen.«

Das ist natürlich keine Antwort für Kinder. Und es ist auch keine Antwort, die einem Kind jemals einfiele. Doch alle Kinderbücher handeln vom Sinn des Lebens. Aber was ist der Sinn des Lebens für ein Kind? Eine gut erzählte Geschichte ist eine gut erzählte Geschichte. Mehr ist dazu nicht zu sagen.

Kinder als Leser werden oft unterschätzt, wenn zum Beispiel jede ihrer »Lesestufen« didaktisch eingegrenzt wird. Darin liegt ein Missverständnis, und es ist leider ein Weg, Kindern das Lesen zu verleiden. Kinder ab sechs, ab acht, ab zehn und so weiter – das sind Kategorien, aber keine realen Kinder bzw. Leser. Als so genannte »Zielgruppe« (das ist ein Wort aus der Vertriebskiste der Verlage) wird ein äußerst sensibles Medium angesprochen, nämlich das lesende Kind. Das lesende Kind ist gleichzusetzen mit dem erzählten Kind; denn lesend findet es sich selber wieder. Gleichzeitig ist das »erzählte Kind« so wehrlos, wie nur ein Kind wehrlos sein kann. Es ist ja jederzeit verfügbar, schlimmer noch, es wird benutzt, um Kindern etwas vorzumachen. Was Erwachsene dem

Kind vom Kind erzählen, geschieht sozusagen auf einem weiten Feld, auf dem sich alle möglichen Geister tummeln. Wer sich damit befasst, wird bald erkennen, dass nicht alles, was für Kinder geschrieben, gemalt und gedruckt wird, der Sicht und den Interessen der Kinder entspricht. Wenn es um Vermarktung geht, ist der Erwachsene bekanntlich nicht zimperlich.

Was also ist Kinderliteratur?

Kinderliteratur lebt zum großen Teil davon, dass sie schildert, was Kinder erleben und denken und fragen und was Erwachsene antworten. Kurz, wie Kinder und Erwachsene miteinander umgehen. Der Erwachsene, der diese Literatur macht, ist selbstverständlich *auch* davon betroffen, weil darin von existentiellen Dingen die Rede ist. Ein Kinderbuch, das Erwachsene nicht lesen möchten, weil es ihnen zu dumm oder zu läppisch vorkommt, ist auch für Kinder dumm und läppisch.

Jedes Buch hat seinen eigenen Entstehungsprozess. Autoren werden oft gefragt: Warum schreiben Sie für Kinder? Die Antwort der Autoren und Autorinnen fällt unterschiedlich aus. Astrid Lindgren antwortet: »Weil es das Einzige ist, was ich kann. Ich bin weder in der Lage noch habe ich Lust, für Erwachsene zu schreiben. Die Menschen scheinen nicht zu verstehen, dass wir es im Großen und Ganzen mit zwei vollkommen verschiedenen Arten von Schriftstellern zu tun haben, solchen, die für Erwachsene schreiben, und solchen, die für Kinder schreiben.«[3] Das ist eine ehrliche, nachdenkenswerte Aussage. Viele Autoren haben einen autobiographischen Bezug zum Schreiben. So erklärt Mirjam Pressler, die durch viele Literaturpreise geehrte Kinderbuchautorin und Übersetzerin: »Schreiben ist für mich lebenswichtig. Mein Schreiben beginnt oft ohne direkten Anlass und ohne Absicht und gelingt dann am besten, wenn ich mich ganz der Sprache überlasse, dem Fluss der Worte, der zum Verlauf einer Geschichte werden kann, ohne dass ich zuvor weiß, wo ich ankommen werde.«[4] Hier wird deutlich, dass im Grunde kein Kinderbuch von einigem Wert ausschließlich nur für Kinder geschrieben ist. Es soll ja das lesende Kind nicht isolieren.

Astrid Lindgren antwortet auf die Frage *Was macht ein gutes Kinderbuch aus, wie soll es aussehen?*: »Soweit ich weiß, fragt niemand: Wie muss ein guter Roman sein? Wie soll gute Lyrik aussehen? Romanautoren und Lyriker dürfen nach Herzens Lust ohne irgendwelche Vorschriften schreiben. Aber wie ein gutes Kinderbuch auszusehen hat, das will man unter allen Umständen wissen und ein Rezept dafür erfahren. Mir fällt einfach keine andere Antwort ein als: Es soll gut sein!«[5]

Viele sagen: Kinderbücher, das ist doch alles »leichte Ware«, etwas, das man Kindern schenkt, damit sie beschäftigt sind! Auch der Schweizer Dichter Peter Bichsel verweist auf dieses offenbar immerwährende Dilemma der Kinderliteratur, wenn er von den Erwachsenen seiner Kindheit berichtet: »Sie schenkten mir Bücher, die nach ihrer Meinung der Welt des Kindes entsprachen. In dieser Welt lebte ich aber so wenig wie alle anderen Kinder. Die Welt des Kindes ist eine anmaßende Vorstellung der Erwachsenen; sie meinen damit die Welt des Niedlichen, des Harmlosen, des Ungefährlichen. Was mich interessierte, war nicht die Welt des Kindes, sondern ganz einfach die Welt.«[6]

Literatur thematisiert das Kind durch seine Erfahrungen, die es zum ersten Mal macht. Was erlebt ein Kind in der Welt? Viele bedeutende Romane aus aller Welt erzählen, wie sich Kinder der Übermacht der Erwachsenen bewusst werden und wie sie versuchen, oft mit List und Trotz, anders zu werden als die Erwachsenen. Kindheit ist wie ein roter Faden, der die gesamte Literatur miteinander verbindet. So auch die Kinderliteratur, die ja fortwährend von Kindheit handelt, allerdings meist in abgeschwächter Form. Denn nicht alles, was Kindern zugemutet wird, ist maßstabgetreu in ihren Büchern zu finden.

Kinder merken nicht sofort, was ihnen ein Buch eigentlich bedeuten kann, nämlich die Entdeckung der »Welt hinter der Welt«, wie es ein Kind einmal formulierte. Kinder sind immer zuerst Leser und folgen den Ereignissen, bevor sie ahnen, dass da noch mehr ist. (Deshalb lesen Kinder ihre Bücher gern mehrfach. Wie man weiß, sind wiederholt gelesene Bücher jedesmal anders.)

Erzählen, um zu erzählen

Kindergeschichten haben den Vorzug großer Nähe. Im Idealfall entsteht diese Nähe gleich mehrfach – der Erwachsene, der vorliest oder erzählt, das Kind, das zuhört, und zugleich die Personen der Geschichte, die es lieb gewinnt. Erstaunlich, wie Geschichten sich leicht machen können, wenn sie zwischen Erzähler und Zuhörer (Erwachsenem und Kind) hin- und herfliegen. Solche Geschichten haben ihren eigenen Erzählton, als habe man sie gerade eben erst erfunden. Sie entstehen sozusagen im Handumdrehen. Geschichten also, die keinen besonderen Anspruch anmelden und dennoch zu den schönsten gehören können. Eins entsteht aus dem anderen, Einfälle erzählen sich von selbst weiter. »Und was geschah dann?« ist eine der ältesten Fragen der Menschheit.

Auch in Erwin Mosers Kinderbuch *Großvaters Geschichten oder Das Bett mit den fliegenden Bäumen* (zum Beispiel) möchte der kranke Herbert immerfort weitererzählt bekommen. Niemand hat Zeit für ihn, weil Weinernte ist, aber der Großvater bleibt beim kranken Kind und pflegt es und erzählt es nach und nach gesund.

Also kein Fernseher, sondern ein Großvater, dem immer neue Geschichten einfallen. »Erzähl nur!«, sagt der Herbert. »Das ist mir ganz egal, was du mir erzählst, nur langweilig darf es nicht sein.« Als es dann dem Herbert schon wieder besser geht, erzählt er mit; denn nicht alles gefällt ihm, also muss es der Großvater umerzählen. Alle Geschichten spielen in Herberts Umfeld, im Dorf oder in der näheren Umgebung. So werden sie Realität, die Geschichten, und Herbert wohnt ganz warm in ihrer Mitte.

Was ein Buch einem Kind alles sein kann? Es gibt so viele Möglichkeiten – man muss sie nur wählen können. Erwin Mosers Kinderbuch ist zugleich eine phantasievolle Einführung in die wundervolle Kunst, wie man Kindern Geschichten erzählt.[7]

Auch folgende Geschichte eignet sich zum Vorlesen und Vorzeigen: »Fons ist hellwach. ›Ich will in die Nacht!‹, denkt er. Aber allein traut er sich nicht. Papa muss mit. Aber Papa ist sehr verschlafen.« So beginnt das Bilderbuch von Wolf Erlbruch mit dem lapidaren Titel *Nachts*. Vater und Sohn wandern durch die dunklen Straßen der Stadt. Während der müde Vater beteuert, dass man nachts schlafen muss, entdeckt das Kind, wie die Nacht lebt, wie sie sich mehr und mehr mit aufregenden Phantasiewesen füllt. Das Kind, immer an der sicheren Hand des Vaters, erlebt unglaubliche Dinge, die im Bilderbuch von Seite zu Seite dargestellt sind: Da fliegt eine Mickymaus durch die Luft und, kaum zu glauben, die Brücke, über die beide gehen, ist eigentlich ein langgestreckter Hund, ein Eisbär lässt den Kleinen reiten, ein Riesenfisch erscheint, eine Rose mit Gesicht kommt auf Rollschuhen daher, eine Maus in einem Boot gleitet durch die Nacht und manches mehr. Gleichzeitig redet und redet der Vater: »Was willst du in der Nacht? Nachts wird geschlafen! Die Hasen schlafen, der Gemüsemann schläft, die Frösche schlafen, der Storch schläft zum Glück auch. Alle deine Freunde schlafen und ich würde auch lieber weiterschlafen. Oma und Opa schlafen bestimmt schon lange. Es ist dunkel, man sieht die Hand vor Augen nicht. Selbst die Apotheke ist geschlossen, soviel ich weiß. Es ist überhaupt nichts los in der Nacht. Sogar die Fliegen schlafen lieber, weil sie sich im Dunkeln so leicht verfliegen. Die Indianer schlafen. Die Cowboys also auch. Die Bären schlafen sogar Tag und Nacht. Zumindest im Winter. Ja, natürlich, die Fledermäuse sind unterwegs. Aber hier bei uns gibt es gar keine, glaube ich. Onkel Willi schläft, und Tante Ria. Und der Müllmann. Und die Frau von Asten. Na ja, die nicht – die strickt bestimmt wieder Socken. Aber alle anderen schlafen. Es ist einfach nur dunkel. Sonst nichts.«[8]

Zum Schluss betrachtet das Kind den kleinen, bunten Ball, den ein fliegendes Mädchen, das aussieht wie Alice im Wunderland, ihm zugeworfen hat. Da gibt es keinen Zweifel: Wer erzählt, verändert die Welt. Oder auch: Jeder erlebt eine andere Geschichte.

Kindergeschichten sind Ich-Geschichten

Sie sind es sogar auf besondere Weise. Ein Kind, das liest, befindet sich im Mittelpunkt des Geschehens. Es lebt in seiner Phantasie auf dem Dach im eigenen kleinen Häuschen (wie Astrid Lindgrens Karlsson vom Dach), oder es sitzt tief in der unterirdischen Höhle, wo Tolkiens kleiner Hobbit um sein Leben Rätsel erfindet und den schrecklichen Gollum überlistet. Jedes Kind sucht sich etwas Eigenes, auch in den Geschichten. Stets ist es mit dabei.

Wer kennt nicht diese hintersinnig komische Geschichte, in der ein siebenjähriges Mädchen namens Alice einem weißen Kaninchen, das mit Blick auf seine Armbanduhr in ein Loch springt, augenblicklich nachläuft und nun zweihundert Buchseiten lang unglaubliche Dinge erlebt?! Die skurrilen Gedanken und Dialoge (mit merkwürdigen Geschöpfen), die Lewis Carroll seiner Alice zuspielt, machen *Alice im Wunderland* zur Weltliteratur. Literatur für Kinder also, die Erwachsene lieben. Hier nur ein Beispiel, Alice verwirrt: »Nein, so etwas! Wie verquer doch heute alles geht! Und dabei war gestern noch alles wie gewöhnlich. Ob ich am Ende heute Nacht ausgewechselt worden bin? Also, wie steht es damit – war ich heute Morgen beim Aufstehen noch dieselbe? Mir ist doch fast, als wäre ich mir da ein wenig anders vorgekommen. Aber wenn ich nicht mehr dieselbe bin, muss ich mich doch fragen: Wer in aller Welt bin ich denn dann? Ja, das ist das große Rätsel!«[9]

In einer anderen, kurzen Geschichte sitzen Vater und Kind in einem Schrank und warten, was passiert, wenn man sie vermisst. Und wenn es dunkel, sehr dunkel ist und langsam die Luft knapper wird? Wer gibt zuerst auf? Aber welcher Vater setzt sich mit seinem Kind in einen Schrank, um gemeinsam zu erfahren, wie ein Schrank im Dunkeln ist? Jürg Schubiger, der dies erzählt, schreibt keine Kindergeschichten im üblichen Sinn. Wie Kinder fragen können, so sind seine Geschichten. Das Normale ist keineswegs normal. Aber was ist normal aus der Sicht des Kindes? Schubigers Geschichten erzählen mehr, viel mehr, als sie auf dem Papier sagen, was ja in jedem Fall ein Kennzeichen guter Geschichten ist.

Kindergeschichten sind wortmächtig

Nur 26 Buchstaben des Alphabets haben uns die Weltgeschichte von A bis Z aufgeschrieben. Jedes Kind verlässt einmal sein auf wunderbare Weise geordnetes Analphabetenleben und richtet sich im neuen, alphabetischen Leben ein. Es wird Mitglied einer Gesellschaft, die aufschreibt, was sie denkt und fühlt, nämlich Wünsche, Träume, Hoffnungen, Lügen, Berichte, Abenteuer – alles und jedes wird schriftlich festgehalten. Aber jedes Kind muss auch lernen, dass man eben nicht getrost nach Hause tragen kann, was man Schwarz auf Weiß besitzt. Eine schlimme Erfahrung: Gedrucktes kann lügen!

Ein Kind erfährt das ABC als Spracherfinder. Zuerst kommt das A. Das klingt irgendwie einleuchtend: A! Warum kommt danach nicht das schöne O? O! Oder das warme M? Und warum muss das Z der letzte Buchstabe sein? Kinderfragen sind nicht leicht zu beantworten. Da heißt es oft: Lern nur, so ist eben die Regel! Natürlich könnte man zum Beispiel auch sagen, dass das Z damals, als die Buchstaben verteilt wurden, ziemlich langsam war. Es träumte vor sich hin, verpasste den Zug und hatte auch kein Handy dabei. So kam es, als alle anderen schon da waren, als Letztes an. Und etwas atemlos war es, zischelte vor sich hin: Zzzschz! So könnte es auch gewesen sein.

Das Spiel mit der Sprache bedeutet Kindern eine erste bewusste Annahme der Umwelt, weil sie sich so als veränderbar erweist. Man kann etwas erfinden, was es vorher noch nie gegeben hat. Eine unglaubliche Erkenntnis! Das aber haben die Dichter immer schon gewusst!

Kindergeschichten sind widerständig

Was kann ein Hund namens Jennie mit einer Topfpflanze zu bereden haben? Das erfährt man im ersten Kapitel von *Higgelti Piggelti Pop oder Es muss im Leben mehr als alles geben*. Es geht um Jennie, die alles hat. Sie hat einen eigenen Kamm, eine Bürste, zwei Pillenfläschchen, Augentropfen, Ohrentropfen und so weiter. »Und sie hatte einen Herrn, der sie liebte. Doch das kümmerte Jennie wenig. Um Mitternacht packte sie alles, was sie besaß, in eine schwarze Ledertasche mit einer goldenen Schnalle und blickte zum letzten Mal zu ihrem Lieblingsfenster hinaus. ›Du hast alles‹, sagte die

Topfpflanze, die zum selben Fenster hinaussah. Jennie knabberte an einem Blatt. ›Du hast zwei Fenster‹, sagte die Pflanze. ›Ich habe nur eines.‹ Jennie seufzte und biss ein weiteres Blatt ab. Die Pflanze fuhr fort: ›Zwei Kissen, zwei Schüsseln, einen roten Wollpullover, Augentropfen, Ohrentropfen, zwei verschiedene Fläschchen mit Pillen und ein Thermometer. Vor allem aber liebt er dich.‹ – ›Das ist wahr‹, sagte Jennie und kaute noch mehr Blätter. – ›Du hast alles‹, wiederholte die Pflanze. Jennie nickte nur, die Schnauze voller Blätter. – ›Warum gehst du dann fort?‹ – ›Weil ich unzufrieden bin‹, sagte Jennie und biss den Stängel mit der Blüte ab. ›Ich wünsche mir etwas, was ich nicht habe. Es muss im Leben noch mehr als alles geben!‹ – Die Pflanze sagte nichts mehr. Es war ihr kein Blatt geblieben, mit dem sie etwas hätte sagen können.«[10]

Es muss im Leben noch mehr als alles geben! Ein Spruch wie für die Werbung!

Was Jennie sucht, ist natürlich etwas ganz anderes: Sie sucht das *wahre* Leben. Ob sie es findet?

Maurice Sendak, der diese Geschichte geschrieben und mit Zeichnungen versehen hat, findet in seinen Kinderbüchern Worte und Bilder für die Ängste der Kinder: Was ist, wenn es dunkel wird in meinem Zimmer? Was ist, wenn ich allein gelassen werde? Wenn meine Eltern auf einmal fort sind? Werde ich sterben? – »Mich interessiert«, so Maurice Sendak, »wie Kinder in einem bestimmten Augenblick ihres Lebens reagieren, in dem es keine Regeln, keine Gesetze gibt, in dem ihr Gefühl ihnen nicht sagt, was von ihnen erwartet wird. In *Wo die wilden Kerle wohnen* spielt Max verrückt. Was passiert denn, wenn man verrückt spielt? Nun, man ist wütend auf seine Mutter, dann tut es einem Leid, und es kehrt wieder Friede ein. Wahrscheinlich wird es schon morgen erneut geschehen. Für das Kind mit seiner einfachen Logik und seiner mangelnden Erfahrung besteht das Problem darin, von einem solchen kritischen Moment zum nächsten zu leben.«[11]

Widerständig ist jede gute Geschichte, gewiss auch jede gute Kindergeschichte. Solch eine Geschichte fängt oft harmlos an, sozusagen im Alltäglichen: »In Rosenheim wohnte ein Mädchen, das hieß Rosa und hatte rote Haare. Es wohnte mit seinen Eltern ganz oben in einem Hochhaus, im achten Stock. Jeden Morgen, wenn Rosa zur Schule muss, steigt sie in den Aufzug, drückt die Taste, auf der ›E‹ steht, und fährt hinunter. Jeden Mittag, wenn Rosa nach Hause kommt, drückt sie die Taste, auf der ›8‹ steht, und fährt hinauf.« . . . So beginnt Paul Maar seine Geschichte *Der Aufzug*[12]. Was Rosa dann erlebt, als ihre Eltern in die Volkshochschule gegangen sind und sie nicht einschlafen kann, lässt die Geschichte aus dem Alltäglichen purzeln – es entsteht jene magische Welt, die Kinder besonders lieben.

Oder nehmen wir als Beispiel ganz anderer Art die folgende Geschichte von Christine Nöstlinger:

»Ich bin das Kind der Familie Meier und heiße Burli. Ich wäre viel lieber bei Meiers der Hund! Dann hieße ich Senta und dürfte so laut bellen, dass sich der Nachbar beim Hausverwalter beschwert. Und niemand würde zu mir sagen: ›Mund halten, Burli!‹ Ich wäre auch gerne bei Meiers die Katze. Dann hieße ich Muschi und würde nur fressen, was ich wirklich mag, und den ganzen Tag auf dem Fenster in der Sonne liegen. Und niemand würde zu mir sagen: ›Teller leer essen, Burli!‹ Am liebsten wäre ich bei Meiers der Goldfisch. Dann hätte ich gar keinen Namen. Ich würde still und glänzend im Wasser schwimmen und meiner Familie beim Leben zuschauen. Manchmal würden die Meiers zu meinem Fischglas kommen und mit ihren dicken Fingern ans Glas tupfen und auf mich einreden. Doch das Glas wäre dick und durch das Wasser käme kein Laut bis zu mir. Dann würde ich mein Fischmaul zu einem höflichen Grinsen verziehen, aber meine Fischaugen würden traurig auf den Meier schauen, der der kleinste von allen Meiern ist, und ich würde mir denken: Armer Burli!« [13]

Auch Tiergeschichten sind Kindergeschichten

Tiergeschichten können sehr unterschiedlich angelegt sein. Zunächst sind es gewiss Geschichten, die von Tieren handeln, die so sind, wie sie sind. Oder es gibt Geschichten von Tieren, die sich dem »Menschen-Rollenspiel« anpassen, aber dennoch bleiben, was sie sind, nämlich Tiere. Und dann gibt es leider noch eine Unzahl verkleideter Tiere, die ihre Tierheit ganz und gar verloren haben. Peter Bichsel, in dessen Geschichten wir auch jene philosophische Neugier kindlichen Denkens finden, plädiert für weniger Tiere und für mehr Menschen in den Kinderbüchern. Er hat etwas gegen die vielen vermenschlichten kleinen Bären und meint damit den Kitsch, der sich im Kinderbuch eingenistet hat. Es ist auffallend, die im Kinderbuch geliebten Tiere werden in Wirklichkeit grausam behandelt oder gar getötet bzw. ausgerottet. Aber wenn wir es mal von Tierseite sehen, dürfen wir es den Tieren nicht verübeln, wenn sie sich in ihrer Not ins Kinderbuch flüchten und die Menschensprache annehmen. Maus, Schlange, Katze, Ratte, Hase, Kaninchen, Krokodil, Elefant, Floh, Wurm, Maulwurf, Biber, Bär, Fuchs, Schwein, Eule, Rabe – in den Geschichten sind sie Kinderfreunde und erinnern nur noch entfernt an das Tier, das sie in Wirklichkeit sind.

Der eigentliche Grund für die Anwesenheit von Tieren in der Kinderliteratur ist aber die innige Beziehung der Kinder zu Tieren. Sie hat etwas Archaisches und erinnert an das verlorene Paradies. Es gehört zu den bittersten Lektionen, wenn Kinder erfahren, wie selbstherrlich und grausam der Mensch mit seinen Weggefährten, den Tieren, umgeht. »Jede Tierart, die stirbt, macht es weniger wahrscheinlich, dass wir leben. Nur angesichts ihrer Gestalten und Stimmen können wir Menschen bleiben.« (Elias Canetti)

Kindergeschichten verwandeln die Dinge

Was alles geschehen kann! Ein Stein aus der Urzeit – was hat er erlebt? Ein Stein, den ein Kind hochhebt, darunter etliches Gewürm. Ein Stein, der sprechen kann. Oder ein Fisch, der fliegen kann. Ein Holzwurm, der sich Gedanken macht, ob es noch außerhalb seiner Holzwelt eine andere Welt gibt. Ein Zwerg, der den einzigen Höhlenweg in die Menschenwelt findet. Eine Glasscherbe mit zauberhaften Eigenschaften, ein fliegender Koffer, ein Stock, ein Regenschirm – aus allem kann eine Geschichte wachsen. Etwas Kindliches darf im Spiel sein. In den Geschichten von Hans Christian Andersen ist alles beisammen, was kindliches Empfinden auslösen kann. Das allein ist schon viel. Andersen, das ist Sprache gewordene Phantasie. Ich wüsste keinen internationalen Autor, der seine erzählerische Poetik so absolut dem kindlichen Weltbild unterstellt hätte, wie dies Hans Christian Andersen gelungen ist. Wir werden ihn wieder entdecken!

Kindergeschichten sind eigentlich alles!

Sie sind poetisch und realistisch und philosophisch und märchenhaft – alles! Zuweilen entsteht jener poetische Realismus, der aus Sprache und Phantasie eine wunderbare Wortwelt entstehen lässt. Jürg Schubiger fragt zum Abschluss seines wunderbaren Buches *Wo ist das Meer?*: »Wer hat das Geschichtenerzählen erfunden? – Die Großmutter des Mondes. – So? Was hatte sie denn zu erzählen? – Oh, sehr viel. Sie erzählte von allem und jedem, von einem Salzstreuer in Brindisi, von einem Seufzer aus Köln, nichts ließ sie aus. Sie erzählte von Vögeln und Fischen, von Dampfern, Abschiedstränen, von großen rot karierten Taschentüchern, von jedem vergessenen Ding, Dingsda und Dingsdort, auch von dir und mir. – Und wem erzählte sie es? – Dem Großvater der Sonne. Der glaubte ihr aber kein Wort.«[14]

Kindergeschichten gehören allen Lesern, Kindern *und* Erwachsenen. Viele Kinder fühlen sich von Geschichten angesprochen, die eigentlich keine Kindergeschichten sind. Wenn Peter Bichsel in seiner Geschichte *Die Erde ist rund* einen Mann immer nur geradeaus gehen lässt, um die ganze Welt herum, dann hat er sich das nicht für Kinder ausgedacht – er ist einfach ein kindlicher und damit wohl auch raffinierter Erzähler. Vergessen wir nicht, an sich sind Kindergeschichten nicht so, wie Kinder selbst erzählen. Ihre Geschichten sind bizarr, verrückt und von völlig naiver Logik. Deshalb gefällt Kindern die Geschichte vom Mann, der immer geradeaus geht, bis er die ganze Welt umrundet hat. Auch ihre eigenen Geschichten, wenn sie sich trauen, folgen einer ähnlich verrückten Logik. Diese *kindgemachten* Geschichten besitzen eine ureigene Poetik: »Das Pferd hat seine Geige aufgefressen und aus seinem Bauch konnte man leise Musik hören.« So etwas erfindet kaum ein erwachsener Erzähler.

Was bleibt den Kindern?

Wichtig sind die einfachen Wörter, klein geschrieben, Wörter wie »warum« und »wenn«. Lernen wir (wie die Kinder) wieder das Nachfragen und Weiterdenken. Dies ist für das Überleben der Menschheit unentbehrlich. Und es sind die Hauptwörter der Kinderliteratur.

Wie nun Kinder Geschichten lesen und wie sie sich selbst in

den Ereignissen wiederfinden und ob Geschichtenlesen etwas über den Tag hinaus bewirkt – das wissen wir nicht. Dazu gibt es weder eine Erfolgsstatistik noch sonst irgendeine prozentuale Schätzung. Hier ist nichts messbar. Aber es ist für jeden selbst erfahrbar (leider doch nicht für jeden), dieses staunende Hineinfinden ins andere Leben der Geschichten. Besonders dann, wenn sie Geborgenheit und Zuversicht vermitteln. Kinder brauchen in ihren Geschichten einen Lichtblick. Geschichtenlesen ist wie in einer warmen Höhle sitzen, während es draußen dunkel und schaurig ist. Keiner, den Geschichten retten konnten, wird es je vergessen.

Diese Erfahrung bleibt. Nirgendwo anders wird man sie finden. Es ist ein Trugschluss zu glauben, Phantasie gehöre in die Mottenkiste der Kindheit, weil sie für späteres Erfolgsleben hinderlich sei. Die Geschichte der Menschheit ist auch eine Geschichte der Phantasielosigkeit. Ohne Phantasie werden es die Menschen schwer haben, ihre Krisen zu meistern. »Geschichten sind die Grundnahrung der Seele«, sagt der amerikanische Autor Paul Auster. »Ohne Geschichten können wir nicht leben. (. . .) Geschichten helfen uns bei dem Bemühen, die Welt zu verstehen.«[15] Und das ist ja der eigentliche immerwährende Kinderwunsch – auf Fragen Antwort zu bekommen.

2005

Axel Scheffler

Lesen als Biographie – vom Einfluss der Literatur

»Eines Tages las ich ein Buch und mein ganzes Leben veränderte sich. Auf den ersten Seiten schon bekam ich die Kraft des Buches innerlich so stark zu spüren, dass ich glaubte, mein Körper habe sich von Tisch und Stuhl, wo ich saß, gelöst und abgehoben. (...) So saß ich am Tisch, wusste mit einem Zipfel meines Verstandes, dass ich dort saß, schlug die Seiten um und las immer neue Wörter auf immer neuen Seiten, während sich mein Leben veränderte. (...) Hatte ich doch von Anfang an geahnt, dass dieses Buch für mich geschrieben worden war!«

So beginnt der türkische Autor Orhan Pamuk seinen Roman *Das neue Leben*, 1998 im Hanser Verlag erschienen. Wie hier ein Ich spricht! Es ist das Ich des Autors, das Ich des Erzählers im Roman, das Ich des Lesers vor dem Roman, schließlich – wie es nun der Fall ist – das Ich des Vortragenden, der Ihnen dieses Zitat vorliest. Wir entkommen dem Ich auf keinen Fall und wollen auch nicht entkommen – im Gegenteil, wir nutzen jede Gelegenheit, uns Ich zu nennen.

Ich habe überlegt, wie ich Ihnen zum Thema »Lesen als Biographie« etwas sagen könnte, das meinen eigenen Erfahrungen entspricht und zugleich Ihr Empfinden als Leser anspricht. Eingrenzend möchte ich mich vorwiegend, aber nicht grundsätzlich, den Leseperspektiven jugendlicher Leser zuwenden.

Um es gleich vorweg zu sagen, der Einfluss der Literatur auf unser Leben ist gering, vielleicht nur eine wärmende Decke in der Nacht. Im Grunde ist Ihnen wie mir bewusst, dass die Leser der Welt keinen Stempel aufdrücken, außer sich selbst. Leser sind auf eine gewisse Art gezeichnet. Um erträglich zu leben, brauchen

Menschen keine Bücher. Wer aber Bücher als unentbehrlich ansieht, wird kaum verstehen, dass Menschen auch ohne Bücher normal leben können.

In seinem Essay *Über das Lesen* schreibt Verlagsgründer Peter Suhrkamp den heute merkwürdig anmutenden Satz »Leseübungen gehören in den Stundenplan des geistigen Werktages«. Und einige Zeilen weiter: »So ist Lesen lebendige Existenz.« So spricht und handelt einer, der an die Wirkung von Literatur glaubt. Veröffentlicht hat Peter Suhrkamp seinen Essay 1946 in seinem *Taschenbuch für junge Menschen*, gedruckt auf holzhaltigem Papier, und er ging davon aus, dass nach dem Furchtbaren des Krieges und der Nazizeit vor allem die Krise des Geistes überstanden werden müsse. Das rettende Ufer erreicht, wer sich weiterbildet, wer zur Besinnung kommt. Und noch etwas: Literatur ist Arbeit! So ungefähr damals Peter Suhrkamps Aufforderung an junge Menschen. Inzwischen ist sein damals gegründeter Verlag 50 Jahre alt. Wollte in der heutigen Verlagswelt jemand den Lesern sagen, Literatur ist Arbeit – Unverständnis wäre ihm gewiss. Literatur ist Vergnügen, Literatur ist Spannung, Literatur ist Event. »Unsere Bücher sind weniger langweilig« lautete schon vor fünfzehn Jahren der Werbeslogan des Diogenes Verlags – eine weit vorausschauende Botschaft, inzwischen sinngemäß von anderen Verlagen übernommen, die ihren Lesern durch Ausstattung und Werbung klar machen wollen, dass ihre Bücher leicht und lustvoll zu lesen sind. Und sie sind es in der Regel auch. Da wir aber unser Thema ganz gewiss »light« nicht zu fassen kriegen, möchte ich mich einer Instanz zuwenden, vor der ich höchste Achtung habe, das ist nämlich der *betroffene* Leser, die *betroffene* Leserin. Dazu einige Beispiele:

Daniela Strigl schreibt in ihrer Biographie der Autorin Marlen Haushofer (die zwanzig Jahre in Steyr gelebt hat) folgenden Einleitungssatz: »Mit dreizehn oder vierzehn Jahren las ich zum ersten Mal *Die Wand*. In einem Alter, in dem sich naturgemäß die Frage nach dem Sinn der Existenz aufdrängt, bescherte mir die Geschichte von der Frau, die sich mit einem Mal ganz auf sich selbst gestellt sieht, ein ungeheuer starkes Leseerlebnis.«

Es gibt genügend Schilderungen, welchen Eindruck ein Buch beim einzelnen Leser hinterlassen hat. Davon könnte man eine erfrischende Anthologie machen. Der *betroffene* Leser wird sein Leseerlebnis nicht vergessen, besonders dann, wenn es sein erstes ist. Aber es sind nicht immer die besten Bücher, die uns erschüttern. Es macht sich in der Rückschau gut, wenn man das eindrucksvolle erste Leseerlebnis mit Meisterwerken verbinden kann. Als hätte man gleich schon das richtige Gespür gehabt. So ist es nicht. Kinder kommen nur durch Zufall, weil sie nichts anderes finden, an so gewaltige Leseerlebnisse wie zum Beispiel den *Don Quijote* von Cervantes. Davon berichtet Heinrich Heine, wie er dieses gewaltige Buch einen ganzen Sommer lang, als er schon »des Buchstabenwesens einigermaßen kundig« war, laut gelesen hat. »Ich war ein Kind«, berichtet Heine, »und kannte nicht die Ironie, die Gott in die Welt hineingeschaffen und die der große Dichter in seiner gedruckten Kleinwelt nachgeahmt hatte, und ich konnte die bittersten Tränen vergießen, wenn der edle Ritter für all seinen Edelmut nur Undank und Prügel genoss.«[1]

Heutigen Kindern wird ein solcher Zufall immer weniger zuteil; denn es ist ja ein Zufall aus Lesenot. Lesenot bedeutet doch, man nimmt und liest, was man zufällig finden kann, wenn man absolut nichts anderes hat. Lesenot ist vielleicht ein verlorenes Schlüsselwort, wenigstens für die meisten von uns. Heute gibt es mehr als je zuvor gute, bestens redigierte, sogar »altersgemäße« Kinderbücher. Und wenn heute ein Kind für ein dickes

Buch aus seinem Lesealter springt, dann wohl lieber, wenn es von einem Zauberschüler namens Harry Potter handelt und nicht von einem edlen Ritter, der nicht ganz richtig im Kopf ist.

Ich greife zurück auf meine eigene erste größere Leseerfahrung. Ich wurde als Kind regelrecht lesesüchtig (und diese Sucht ist mir geblieben) an einem Buch, das handelte von Tecumseh. Und ich verschlang alle Bücher, die Fritz Steuben über den Shawano-Häuptling geschrieben hat. Übrigens klischeehafte Bücher und zeitideologisch geprägt. (Erst Liselotte Welskopf-Henrich hat mit ihren Romanen vom *wahren* Leben der Indianer erzählt.) Damals aber war ich Tecumseh! Vierzig Jahre später las ich in dem bewegenden Lebensbericht *Die Reise* von Bernward Vesper (Sohn des bekannten Nazi-Dichters Will Vesper), dass ihn als Kind der gleiche Tecumseh faszinierte. »... ich musste wissen, wer Tecumseh war«, schreibt er, »ich musste zu ihm, es gingen jetzt so viele nach Amerika ...« Das Kind lernte kurz darauf den Autor seines Idols kennen: Fritz Steuben besuchte die Vespers. Schlimmer kann ein Leser nicht aus seinem geliebten Buch stürzen, als dies Bernward Vesper widerfuhr.[2] *Die Reise* ist eine heftige, unversöhnliche Auseinandersetzung mit dem Vater und mit der Generation der Nazi-Väter. (Sie werden es vielleicht wissen, Bernward Vesper war befreundet mit Gudrun Ensslin, der späteren Terroristin, und nahm sich mit 33 Jahren das Leben. Den unvollendeten »Romanessay« hat er seinem Sohn Felix gewidmet.)

Fritz Steuben ist sicher kein ergiebiges Beispiel für das, was Leser mitunter von »ihrem« Autor erwarten. Sie möchten ihn nämlich so lieben können, wie sie sein Buch lieben. Und das geht nun mal nicht. Autor und Werk trennen sich beizeiten. Christoph Meckel formuliert es in seiner Bremer Literaturpreisrede (1981): »Zu meinen

Büchern habe ich nichts zu sagen. Das einmal aus Sprache Gemachte gehört sich selbst sowie jedem anderen außer dem Autor.«

Ein extremer Fall und zugleich ein schmerzlicher – sicher nicht nur für mich – ist Knut Hamsun, dessen Romane ich als junger Leser bewunderte. Hamsun geriet durch seine sture Deutschenliebe während der Nazizeit in seinem Land in eine ausweglos schuldige Situation. Darunter hat auch sein Werk gelitten; es ist heute wenig bekannt und steht doch zu Beginn unserer modernen Weltliteratur. Alle haben von ihm gelernt. In seinem letzten Buch *Auf überwachsenen Pfaden* (eines der schönsten und schmerzlichsten Bücher, die ich kenne) schreibt der taube, fast 90-jährige Hamsun: »Meine Entschuldigung ist, dass ich nicht für den heutigen Tag schreibe, nicht für die Masse, ich schreibe für den einzelnen Menschen, der dies vielleicht nach unserer Zeit lesen wird. Ich schreibe für unsere Kindeskinder.« Und er verweist darauf, »dass ich in der Psychologie nicht ganz unbeschlagen bin, dass ich in einem sehr langen Dichterleben mehrere hundert Gestalten erschaffen habe – innen und außen als lebendige Menschen erschaffen, in jedem seelischen Zustand, jeder Nuance, im Traum und im Handeln«.

Und das ist es wohl, was uns so betroffen machen kann: Lesend werden wir Teilhaber. Der Rohstoff, den der Autor im Roman verarbeitet, ist Rohstoff eigenen Lebens (jedes Buch ist ein Stück Autobiographie), aber auch dem Leser gerät dies alles zum Rohstoff. So erklären sich große Leseerfolge bestimmter Bücher über mehrere Generationen hinweg, zum Beispiel *Unterm Rad*, *Demian* und anderes von Hermann Hesse. Bücher freilich, die einem allzu leicht einfallen. Ich las nochmals Hesses *Steppenwolf*. Natürlich, Hesses Sprache ist unvergleichlich schlicht; sie ist ja das Ergebnis größter Erlebnisdichte – ansonsten hat mich überrascht, wie alt dieses Buch geworden ist. Trifft es noch unser Lebensgefühl? Und doch hat dieser Autor einmal an meinem Fühlen und Empfinden mitgestrickt. Ich schrieb ihm sogar einmal einen Brief. *Siddharta, Morgenlandfahrt* – auch ich war Morgenlandfahrer. Und ich war es morgens, abends, in meinen Träumen und bei jeder Mahlzeit. Wer Hesses Kindheit kennt, seinen unaufhörlichen Versuch, gegen alle und jeden zu sich selbst zu finden, kann sich den Zauber seiner Bücher auf junge Menschen erklären – er war einer von ihnen.

Erfahrungen als Leser, kann man sie weitergeben? Nein, man kann sie nicht weitergeben. Es ist wie mit allen Erfahrungen, man muss sie selber machen. – Mein Enkel, Leon, spricht noch nicht viel, nur in Silben, betrachtet aber alles, drückt auf erreichbare Knöpfe oder schiebt alle Bücher, die er vom Boden aus erreichen kann (Autoren-Alphabet von U bis W, also Updike, Franz Werfel, Ernst Wiechert, Virginia Woolf usw.), energisch nach hinten in die zweite Reihe des Regals. Wird er später einmal diese Bücher lesen wollen? Aber warum sollte er den Lesekanon seiner Eltern und Großeltern wiederholen? Haben wir nicht unseren vielfach angelesenen Bildungsstand längst aufgegeben? Warum soll dieses Kind einmal, wie ich es mit fünfzehn bis zwanzig Jahren getan habe, den ganzen Adalbert Stifter lesen? *Bunte Steine*, *Witiko*, *Nachsommer* und immer wieder *Abdias*? Sind wir nicht eben dabei, unseren »Menschenpark« (Sloterdijk) neu zu ordnen? Wo finden wir dann den hochgelobten Adalbert Stifter? Thomas Bernhard hat ihn in seiner Prosakomödie *Alte Meister* abgewatscht: »Ein tatsächlich denkender Mensch kann Stifter nicht lesen.« Und: »Wenn es je den Begriff einer geschmacklosen, faden und sentimentalen und zwecklosen Literatur gegeben hat, so trifft er genau auf das zu, das Stifter geschrieben hat. Stifters Schreiben ist keine Kunst, und was er zu sagen hat, ist auf die widerlichste Weise unehrlich.« Aber es geht ja nicht um Adalbert Stifter, es geht um Klassiker überhaupt; jede Generation sichtet, sortiert und verwirft sie, um sie dann neu zu entdecken.

Manchmal, in den Antiquariaten, findet man Bücher mit Anmerkungen, Markierungen des vorherigen Besitzers. Kaufe ich ein solches Buch, denke ich darüber nach, warum mein Vorleser etwas angestrichen hat, was ich kaum bemerkenswert finde. Für ihn war es jedenfalls einmal wichtig.

Ende der 50er-Jahre (ich war junger Buchhändler) stieß ich auf ein Buch, das mich faszinierte: *Sandkorn für Sandkorn* von Kurt Guggenheim. Darin erzählt der Schweizer Autor, wie er als junger Mensch die Schriften des großen Insektenforschers Jean-Henri Fabre für sich entdeckte. Guggenheim vergleicht das eigene, noch orientierungslose Leben und schreibt zugleich über Fabres Leben und Schreiben, findet in seinen Schriften Ausgleich und Zuversicht. »Manchmal empfinde ich«, so Guggenheim, »etwas wie Scham, dass ich meinem Leben eine solche Wichtigkeit beimesse. Aber wir haben ja nichts anderes. Deshalb muss ich auch sagen, dass (...) etwas in dieses mein Leben einzog, das mich bis zur heutigen Stunde nie mehr verlassen hat: ein Werk, das jedesmal, wenn ich ein paar Seiten lese, die Eigenschaft besitzt, meine Seele mit Heiterkeit zu erfüllen.« William Carlos Williams, der große amerikanische Poet und Arzt dazu, schreibt im Vorwort seiner Autobiographie: »Henri Fabre ist einer meiner Hausgötter gewesen. ... sein Vorbild hat mir immer als Maßstab und Richtschnur gedient. Es hat mich ruhig gemacht und einen geduldigen Fleiß ausgelöst ...«[3]

Fabre schrieb in vierzig Jahren ein riesiges, zehnbändiges Werk über seine Insekten- und Lebensbeobachtungen. Er ist ein Chronist, ein Homer der Insekten, so hat man ihn bezeichnet. »In seinem Werk«, so Guggenheim, »ist das Rezept eines tiefen Glücks enthalten, das uns allen offen steht, wenn wir zu dem Wagnis bereit sind, uns so zu verwirklichen, wie es uns das Schicksal anbietet.«[4]

Dank sei Guggenheim, auch mich hat Fabre tief beeindruckt. Ich las alles, was ich von ihm in Übersetzung bekommen konnte. Das war leider recht wenig. Dies aber hat mich nie verlassen. So ist es verständlich, wenn ich als Verleger, also 56 Jahre später, in meiner *Reihe Biographie* ein Buch über den immer noch unbekannten Jean-Henri Fabre veröffentlichte. Wie Martin Auer dazu kam, in mehrjähriger Arbeit dieses Buch mit dem Titel *Ich aber erforsche das Leben* zu schreiben, ist wieder eine andere Geschichte. Auch er spürte diese Faszination, die von Fabres geduldiger Mühsal ausgeht. Peter Härtling schrieb mir dazu: »Lieber Jochen, auf der Fahrt von Frankfurt nach Kaufbeuren las ich in einem Zug – da stellt sich der Doppelsinn zufällig ein – und ohne aufzublicken Auers Buch über Jean-Henri Fabre. Ich kann ihm und Dir dazu nur gratulieren. Seit Guggenheims Buch sammle und lese ich alles (und es ist nicht viel), was ich von Fabre in die Hände bekomme. Auer wirbt für ihn voller Kenntnis und Zuneigung und auf wunderbare Weise trifft sein Erzählton den von Fabre. Hoffentlich genießen das vieleviele Leser. ...« (22.3.95)

Gelesene Bücher in meinem Regal! Manchmal finde ich Geschmack, Geruch und Farben meiner Reisen wieder, die sich mit Literatur vermischt haben. Mein *Oblomow* erinnert mich an die griechische Insel Kos; Pablo Nerudas *Ich bekenne, ich habe gelebt* und Maxim Gorkis *Meine Kindheit* erinnern mich an die Insel Chios, obwohl ich beide Bücher anderenorts erneut gelesen habe. Was nichts anderes heißen will, dass jedes Buch – wiedergelesen – ein anderes Buch ist. Dies ist die »Feuer- und die Wasserprobe«, wie sie

Michael Maar in einem klugen Essay[5] beschreibt. »Nur einmal liest man«, so Michael Maar, »wie man lebt: ohne zu wissen, was passieren wird« – die Feuerprobe; bei der zweiten Lektüre ist Tiefe gefragt – die »Wasserprobe«. Nicht alle, nur wenige Bücher werden beiden Proben gerecht!

Eine Zeit lang war ich ergriffen von Charles Dickens, der heute meist nur als Autor der *Weihnachtsgeschichte* in Erscheinung tritt. Beim Wiederlesen seiner Romane findet man heraus, warum Dickens einer der meistgelesenen, heißbegehrten Autoren seiner Zeit war. Märchenhafte Spannung, grotesker Humor, leises Grauen – es ist so, als läsen wir John Grisham, John Irving, Stephen King in einem. Zum Beispiel beim »Lesen von *Bleakhaus*«, so Vladimir Nabokov in seinem Essay über Dickens, »brauchen wir uns lediglich zu entspannen, alles Übrige erledigt unser Rückenmark. Zwar lesen wir mit dem Kopf, doch künstlerisches Entzücken wird zwischen den Schulterblättern wahrgenommen. Der kleine Schauer, der uns über den Rücken läuft, ist gewiss die höchste Form innerer Bewegung, welche die Menschheit bei der Entwicklung zweckfreier Kunst und Wissenschaft erreicht hat.«[6] Ich erwähne Dickens, weil Kindheit in seinen Romanen eines der eindrucksvollsten Motive ist, zum Beispiel auch in *Oliver Twist* und *David Copperfield*. Ebenso in *Große Erwartungen* (nebenbei – was für ein schöner Titel): Ich sehe noch den Dunst vom nahen Fluss, der über das Land steigt, und wie daraus zugleich Unheil und Glück dem kleinen Pip begegnen. Eine Flucht- und Rettungsgeschichte! Und daran hat sich bis heute nichts geändert, immer noch sind Flucht und Rettung, aber auch Untergang, eng miteinander verbunden. Nehmen Sie (um ein heutiges Buch zu nennen) *Das Mädchen* von Stephen King (und vergessen Sie Stephen King als Horrorautor): Flucht und Rettung der 10-jährigen Trisha beginnen mit einem metaphorischen Satz (der einzige in diesem Buch): »Die Welt hat Zähne, und sie konnte damit zubeißen, wann immer sie wollte.« Untermalt von Trishas Gedanken: »Alles nur, weil ich pinkeln musste …« Also Dickens Pip, Kings Trisha und sicher auch Stevensons Jim Hawkins, um den wir in der *Schatzinsel* bangen – sie alle vermitteln uns, die wir Leser ihrer Abenteuer sind, pure Lust am Leben.

Literatur – die Tür ist offen, jederzeit können wir eintreten. Sog der ersten Sätze! Durch sie gleiten wir mühelos ins Geschehen. Nach der Titelseite lesen wir auf Seite 5 den ersten, den zweiten, den dritten, den vierten Satz: »Es war der Sommer, in dem zum ersten Mal Menschen den Mond betraten. Ich war damals noch sehr jung, glaubte aber an keinerlei Zukunft. Ich wollte gefährlich leben, bis an meine Grenzen vordringen und sehen, was mich dort erwartete. Wie sich herausstellte, ging ich daran fast zugrunde.« So lesen wir weiter in *Mond über Manhattan* von Paul Auster, und schon hat die Reise begonnen. Räume, Zimmer, Gegenstände, Blick aus dem Fenster, Wolken, Sonnenuntergang, Weinen, Lachen – alles entsteht in eigener Vorstellung. Für den Autor zählt nicht so sehr das fertige Buch, sondern die Reise dorthin. Für den Leser zählt nicht das zu Ende gelesene Buch, sondern die Reise dorthin. So kommt Literatur – also Erzählen, Sehen, Hören, Schweigen – zu eigentlicher Wirkung. Was ist Lesekunst? Doch dies – darin zu fühlen und zu wohnen. Natürlich kann man auch sagen: Worte, Worte, nichts als Worte! Und doch ist dies der eigentliche Grund, warum Literatur vor anderen Medien bevorteilt ist. Keiner kann sich seiner Biographie entziehen: Ohne ihn gäbe es sie nicht. So auch die Biographie des Lesers, ohne ihn gäbe es sie nicht. Allerdings kann man sich auch aus seinem eigenen in ein fremdes Leben stehlen. So gesehen ist Lesen ein gefährliches Unternehmen.

Wer aber nicht liest, nicht lesen kann und im Sprachlosen der

Fremde lebt – was dann? Ich erinnere mich an Caterina. Sie ist ausgewandert aus ihrer Heimat und lebt in einer fremden Sprache. Sie kann nicht lesen und nicht schreiben, sie erzählt ihre Geschichte dem »Schreiber«, der mit ihr in der Fabrik Käse verpackt. Sie sagt: »Die Amerikaner gingen auf den Mond, um Sand zu holen. Ich ging ins Ausland, um zu essen.« Sie sagt: »Für mich gibt es noch immer kein Alphabet. – Ich möchte Sie berühren, lesender Mensch. Es muss schön sein, lesen zu können.« Das ist ein Zitat aus Francesco Micielis autobiographischen Geschichten *Ich weiss nur, dass mein Vater grosse Hände hat* und *Das Lachen der Schafe*.[7]

Wie schon das Beispiel Tecumseh andeutet, ist die Identifikation des Lesers bei Kindern und Jugendlichen leichter zu haben. Immer fühlt sich das Kind aufgefordert, sein Ich in die Waagschale zu werfen. Klaus Mann schreibt in seinem *Wendepunkt*: »Oft will mir scheinen, dass ich nur als 13- und 14-Jähriger wirklich zu lesen verstand.« Aber was spielt sich denn in den meisten Kinder- und Jugendbüchern ab? Peter Bichsel, der ungewöhnliche Geschichten erzählt und ein Erzähler ersten Ranges ist, hat auch über den Leser nachgedacht. »Kinderbücher haben mit Lesen zu tun«, schreibt er. »Es sind – wenn sie gut sind – (...) Bücher, die man liest, die man in seine eigene Sprache übersetzt, die man mit eigenen Erfahrungen vergleicht. (...) Ein Kinderbuch, das nur so viel enthält, wie auf dem Papier steht, das eine Geschichte erzählt und die Bilder dazu liefert, das also nicht fähig ist, viele andere Geschichten und vielleicht bessere auszulösen: Ein solches Buch ist wertlos.«[8]

Das ist die Kernfrage! Sind wir nun durch altersbezogene Dosierung, unter strenger Kontrolle der Lektorate und anderer Instanzen, vermehrt dazu gekommen, Kindern und Jugendlichen eine Literatur anzubieten, die weder für Überraschungen gut ist noch dem Druck des Marktes widersteht?

Einmal, in den 70er-Jahren, habe ich Autoren die Frage gestellt: »Welches Buch hat Sie in Ihrer Kindheit beeindruckt?« Es zeigte sich, dass viele Autoren als Kinder von ganz anderen Büchern beeindruckt waren als ausgerechnet von Kinderbüchern. Auch den Studenten, mit denen ich jeweils im Sommersemester zu tun habe, stelle ich anfangs diese Frage. Hier zeigt sich nun, dass die meisten eine durchaus angepasste, also normale Kinderbuchzeit durchlaufen haben. Ihre Leselisten nennen die üblichen Kinderbücher der 80er-Jahre. Dazwischen einige Glanzlichter wie *Die verlorene Ehre der Katharina Blum* von Heinrich Böll oder *Jakob der Lügner* von Jurek Becker.

Die Zwanzigjährigen heute lesen Bücher, wenn überhaupt, nicht mehr im Sinn eines Bildungserlebnisses. Er oder sie, gerade zwanzig geworden, kennen natürlich auch das Wort Leserbiographie nicht. Es ist wohl sozusagen ein Herrschaftswort: Sag mir, was du gelesen hast, und ich sag dir, wer du bist – oder so ähnlich! In nicht so weiter Ferne unserer digitalen Welt könnte Folgendes geschehen:

> Er wird dasitzen,
> den Rücken gebeugt,
> und den Gegenstand auf seinen Knien
> anschaun.
> Ihr werdet nicht wissen,
> was er tut.
> Ihr werdet den Rücken beugen
> und die Aufschrift am Sockel
> entziffern: Der Lesende.

Nun, mit diesem Zukunftsgedicht von Uwe Kolbe im Kopf wenden wir uns den heute Zwanzigjährigen zu, fragen nach ihrer Leseerfahrung. Welche Bücher haben unsere Zwanzigjährigen beeindruckt? Vielleicht lasen sie als Zehnjährige auch Twains *Tom*

Sawyer, Stevensons *Schatzinsel* sowie *Mary Poppins*, *Heidi* und irgendwann sogar *Alice im Wunderland*. Dieses rätselhafte Kinderbuch von Lewis Carroll ist ein großartiger Beweis dafür, dass es zwischen Erde, Himmel und Elektronik etwas gibt, das *so* nur als Literatur und nicht in der Adaption von Walt Disney zu haben ist. Vielleicht hat unsere Zwanzigjährige das *Dschungelbuch* in Disneys filmischer Auflösung kennen gelernt, hat aber nichts von der wirklichen Geschichte, wie Rudyard Kipling sie erzählt, mitbekommen. Leider.

Nicht zu vergessen die so genannte Jugendliteratur. Vor einiger Zeit habe ich einige Kartons mit Büchern ins Antiquariat gegeben; ich war froh, dass ich sie loswurde. Auf dem Dachboden fand ich dann noch einen weiteren Karton, Jugendbücher aus allen möglichen Verlagen, was eben so in den 70er- und 80er-Jahren an engagierter Literatur angeboten wurde. (Ich bekam damals viele dieser Bücher geschenkt.) Diese Bücher hat meine Tochter vor über zwanzig Jahren, im Alter von vierzehn bis sechzehn, schief gelesen, gesammelt und sie eines Tages auf dem Dachboden deponiert. Sicher mit der Absicht, sie nie wieder anzuschauen. Ich habe mir nun die Bücher nochmals angeschaut, darin gelesen – nicht eines ist von weltliterarischer Bedeutung, alle sind heute vergessen. Meine Tochter fragte mich einmal, warum sie damals so wenig Weltliteratur gelesen habe.

Ich möchte die etwas provokante These wagen, dass wir absolut nicht wissen, ob das Lesen von Jugendbüchern ratsam ist – wohlgemerkt, in einem Alter, das eine andere Lektüre möglich und wünschenswert macht. Ich spreche jetzt von der so genannten Zwischenliteratur, früher einmal auch »Brückenliteratur« genannt. Eigentlich rechnet sie nicht mehr zur Kinderliteratur, aber irgendwie dann doch. Wohin soll sie auch? Käthe Recheis, Autorin hervorragender Jugendbücher, findet in ihrer Frankfurter Rede (1997) für den Gattungsbegriff folgende Definition: »Jugendbücher sind, da bin ich überzeugt, Bücher für Erwachsene, die aber so geschrieben sind, dass auch ein Zwölfjähriger Zugang dazu findet.« Das ist mir zu wenig! Denken Sie auch an den vieldiskutierten Vorwurf, den Kirsten Boie veröffentlicht hat, weil sie ihr Buch *Nicht Chicago. Nicht hier.* von der Jury zum Deutschen Jugendliteraturpreis nicht als Jugendbuch, sondern »nur« als Kinderbuch bewertet fand. Der Streit um das gute Jugendbuch ist nun schon alt. Dabei wissen wir, viele haben das verdrängt, dass »unsere« so genannte Jugendliteratur separiert ist und nur ausnahmsweise zur modernen Literatur findet. Ich will damit nicht sagen, dass die Literatur der Erwachsenen im Durchschnitt besser ist (sie ist es wahrscheinlich nicht), aber es ist nun mal so, diese Jugendliteratur, die so oft das Thema Außenseiter der Gesellschaft behandelt hat, ist selbst Außenseiter.

Das eigentliche Thema der Jugendliteratur wäre doch und ist es auch, und zwar immer aus der Sicht der Jugendlichen, die kleine und große Auseinandersetzung zwischen den Generationen, Auseinandersetzung mit Ansichten, Meinungen, Torheiten von Vätern und Müttern, eben Elend und Glanz der Jugendzeit. – Um bei unserem Beispiel zu bleiben, unser Zwanzigjähriger (unsere Zwanzigjährige) hat vor fünf, sechs Jahren eine Jugendliteratur vorgefunden, die zwar nicht vorbeierzählt, aber eben doch immer wieder Lösungen anstrebt und deshalb nicht selten unehrlich wird.

Ein Buch, das den oft so schmerzlichen Ablauf der Gefühle in den verschiedenen Stadien der Entwicklung beschreibt, hat den symbolisch anmutenden Titel *Abschied von den Eltern*. Es ist bereits 1961 erschienen. Der Jugendliche, den der Autor Peter Weiss autobiographisch schildert, wird zum Leser, so kann er sich retten: »Doch ich hatte andere Dinge auf der Suche nach Nahrung für meine angewachsenen Bedürfnisse gefunden, Dinge, die mir Antwort gaben auf meine Fragen, gedichtete Worte, die plötzlich meine Unruhe stillten, Bilder, die mich in sich aufnahmen, Musik, in der mein Inneres mitklang. In den Büchern trat mir das Leben entgegen, das die Schule vor mir verborgen hatte. In den Büchern zeigte sich mir eine andere Realität des Lebens als die, in die meine Eltern und Lehrer mich pressen wollten.«

Vielleicht wäre unser Zwanzigjähriger besser der literarischen Spur gefolgt, die vor fast vierzig Jahren ein Autor namens Salinger begonnen hat: »Falls Sie wirklich meine Geschichte hören wollen, so möchten Sie wahrscheinlich vor allem wissen (...), was meine Eltern taten, bevor sie mit mir beschäftigt waren, und was es sonst noch an David-Copperfield-Zeug zu erzählen gäbe, aber ich habe keine Lust, das alles zu erzählen. Erstens langweilt mich das alles, zweitens bekämen meine Eltern pro Nase je zwei Schlaganfälle, wenn ich so persönliche Auskünfte über sie geben würde.«

Mit diesen einleitenden Sätzen beginnt *Der Fänger im Roggen*, und so beginnt ein neues, ein anderes Erzählen von jugendlichem Lebensgefühl. Seither (vielleicht nun doch zu oft zitiert) zeichnet dieser Roman so eine Art »Schattenlinie« und ist ein Buch, das den jugendlichen Leser noch immer erreicht.

Ich denke in diesem Zusammenhang auch an die schon in den 50er-Jahren veröffentlichte *Grasharfe* von Truman Capote, für mich einer der schönsten Romane über eine Lebenszeit, die jeder anders und bekanntlich nur einmal erlebt und nie vergisst. Das Zitat für seinen Titel *Die wunderbaren Jahre* (1976) übernahm Rainer Kunze aus diesem Roman, dort heißt es: »Ich war elf, und später wurde ich sechzehn. Verdienste erwarb ich mir keine, aber das waren die wunderbaren Jahre.«

Die deutsche Autorin Hella Eckert beginnt ihren 1998 veröffentlichten Roman *Hanomag* mit dem Satz: »Es geschah in jenem verrückten Sommer, als ich sechzehn wurde.« Sie erinnert bewusst an Carson McCullers *Frankie*, 1946 geschrieben; dort lautet der Anfang (in der Übersetzung von Richard Moering): »Es geschah in jenem grünen und verrückten Sommer, als Frankie zwölf Jahre alt war. Es war jener Sommer, wo sie ganz allein war. Sie gehörte zu keinem Klub noch zu sonst was auf der Welt. Sie war ohne Freunde, trieb sich in der Stadt herum und fürchtete sich.«

Weitere Romane (sie wurden in den letzten Jahren veröffentlicht) könnten für unseren beispielhaften Zwanzigjährigen ebenfalls lesenswert gewesen sein, ich denke an *Der Tiger auf deiner Schulter* von Günter Ohnemus (1998) oder *Der Verlorene* von Hans-Ulrich Treichel (1998). Ich erinnere auch an Christoph Heins subtile Jugend- und Zeitgeschichte *Von allem Anfang an* (1997). Es ist wohl auch ein Jugendbuch. Dies schrieb ich bei Erscheinen des Buches an Christoph Hein. Seine Antwort (6.4.1998) bestätigt dies: »Ich seh mein letztes Buch nicht anders als Sie. Und ich glaube, Sie stimmen mir auch zu, dass es eine spezielle Kinderliteratur gar nicht gibt. Es gibt Literatur, und für die einzelnen Bücher gibt es halt verschiedene, unterschiedliche Leser. Ich jedenfalls habe ›Kinderbücher‹ nie anders gelesen. Bis heute nicht. Und die besten ›Kinderbücher‹ stehen bei mir neben anderen vorzüglichen Büchern.«

Auch die Geschichte eines Zwanzigjährigen fällt mir ein: *Flieh, mein Freund* von Rolf Rothmann (1998). Darin der Vorwurf an die 68er-Eltern: »Also, wenn es eine Generation gibt, die nichts, aber auch gar nichts auf die Reihe gekriegt hat, nicht einmal so etwas Simples wie ein Familienleben, dann doch wohl die meiner Eltern. Keine Generation dieses Jahrhunderts hat so viele Hoffnungen und Chancen gehabt – und keine so viele vergeigt.«

In *Blauer Montag* (1997) des 23-jährigen holländischen Autors

Arnon Grünberg heißt es: »Mir war klar, dass kein Hahn danach krähte, was ich tat, und dass es nicht mal wen juckte, ob ich verreckte oder nicht. Menschen sind so austauschbar wie Plastiktüten. Sie glauben nur alle, sie seien etwas Einzigartiges und Außergewöhnliches – und besonders natürlich ihre Kinder. Wenn du überleben willst, musst du das denken, und solange du das willst, musst du das mit den Plastiktüten eben für dich behalten. (...) Von mir selbst weiß ich, dass ich so überflüssig bin wie die Tauben am Hauptbahnhof, die nur alles vollscheißen, und die paar Leute, die ich mag, wissen das auch.«

Ähnlich schnoddrig, aber um Klassen gekonnter als zum Beispiel Benjamin Lebert in *Crazy*, beginnt der knapp 30-jährige italienische Autor Giuseppe Culicchia mit *Knapp daneben* (1998) seinen Roman des Abschieds von der Jugendzeit wie folgt: »Ende der Achtzigerjahre schien die Welt endgültig unterzugehen, und in Erwartung dessen beschränkte ich mich darauf, im Kreis herumzulaufen, tagaus, tagein. Ich legte immer mehr oder weniger dieselbe Strecke zurück. Ohne Ziel.«

In dem 1996 in den USA erschienenen Debütroman *Hin und weg* des jungen Ethan Hawke sagt die heißgeliebte Sara: »Ich wünschte, ich wäre alt. Dann müsste ich mir nicht mehr so viele Sorgen um die Zukunft machen.« Und die Mutter tröstet den zwanzigjährigen Erzähler: »Dir werden noch eine Menge schlimmer Dinge passieren. Zunächst mal wirst du irgendwann sterben. Und so gesehen, musst du dir eigentlich nicht mehr allzu viel Sorgen machen. Was immer sonst noch passieren mag, im Grunde hat man nur zwei Optionen: Man kommt mit dem Leben entweder klar und ist glücklich, oder man kommt nicht klar und ist unglücklich.«

Alle diese Bücher sind keine Jugendbücher. Es sind dennoch

Bücher für die Jugend; denn sie erzählen von Gefühlen, Hoffnungen und Widerborstigkeiten, kurz, vom Leiden der Jungen im Land der Erwachsenen. Ein uraltes Thema, ohne Zweifel, und es ist immer wieder neu.

Haben diese Bücher nun Signale einer Sinnsuche? Schon die Absicht wäre verdächtig. Aber für den Leser macht alles Sinn: Unterhaltung und Betroffensein! Camus schreibt in seinem *Mythos des Sisyphos*: »Das Herz in mir kann ich fühlen, und ich schließe daraus, dass es existiert. Die Welt kann ich berühren, und auch daraus schließe ich, dass sie existiert. Damit hört mein ganzes Wissen auf ...« Das ist auch Thema eines Buches, das seinerzeit viele fasziniert hat. Für die jungen Leser der 70er- und 80er-Jahre war es ein Geheimtipp. Der 46-jährige Robert M. Pirsig beschreibt in seinem Roman *Zen und die Kunst ein Motorrad zu warten. Ein Versuch über Werte* (1974) den gemeinsamen Motorradtrip von Vater und (elfjährigem) Sohn. Ein Trip der Sinnsuche, bevor Handy, Internet und alle die anderen Erfindungen unser Leben verändert haben, auch unser Lebensgefühl. Was ist Qualität in unserem Leben?, fragen sich Vater und Sohn. »Die Lösungen sind alle einfach – wenn man sie gefunden hat. Aber sie sind nur dann einfach, wenn man sie schon kennt.« In einem späteren Nachwort beschreibt Pirsig, Tragik seines Lebens, wie sein Sohn, der auf der gemeinsamen Reise nach dem Sinn des Lebens fragte, später als Student sinnlos ermordet wurde.

Der Roman von Pirsig ist vielleicht zu anspruchsvoll für die »Abteilung Jugendbuch« in der Bibliothek. Zu anspruchsvoll? Ähnlich ergehen könnte es Bruce Chatwins berühmtem ersten Buch, der Schilderung und Gedankenwelt seiner Reise *In Patagonien* (1981). Es wäre aber wichtig, dieses Buch mit sechzehn zu lesen, nicht erst mit dreißig oder auch gar nicht. – »Die bemitleidenswerteste Klasse sind die Menschen, die Geld aufgehäuft haben und nichts Besseres damit anzufangen wissen, als neues Geld aufzuhäufen«, heißt es bei Henry David Thoreau in seinem berühmten Buch *Walden oder Leben in den Wäldern*. Und weiter: »Ich möchte manchmal verzweifeln bei dem Gedanken, ob irgendetwas ganz Einfaches und Ehrliches überhaupt durch die Menschen zustande gebracht werden kann.« Dieses Buch ist 1854 (vor fast 150) Jahren erschienen, es gibt darin keinen einzigen unwichtigen Gedanken. Noch immer könnte *Walden* für die so genannte junge Generation ein Buch gegen alle Anpassung sein.

Nicht nur in der Literatur, aber vor allem in der Literatur geht es immer wieder um Gegenwelt. Sie bildet sich nicht von ungefähr, sie braucht den Autor *und* den Leser. Das ist auch der eigentliche Grund, weshalb Autoren in totalitären Staaten und von fundamentalistischen Zeitgenossen argwöhnisch beobachtet, nicht selten bis auf den Tod verfolgt sind – ihre Bücher werden in den Händen ihrer Leser unkontrollierbar. Man weiß nie, was der einzelne Leser damit anfängt. Sicher stellt er sich alle Fragen der Welt, sucht den Sinn seines Lebens, entdeckt die vielen Sinnlosigkeiten, die um ihn herum geschehen.

Welches Buch veränderte dein Leben? Das ist die Frage, die nur der Leser beantworten kann. Damit komme ich auf ein Buch zurück, von dem ich hoffe, dass es unser zwanzigjähriger Leser und unsere zwanzigjährige Leserin schon vor einigen Jahren lesen konnte, natürlich vorausgesetzt, er (oder sie) hat es in die Hände bekommen; es ist nämlich ebenfalls kein Jugendbuch. Eine junge Frau lebt wie ein weiblicher Robinson von der Welt abgeschnitten, vielleicht ist sie die einzige Überlebende einer Katastrophe. Nur Kuh, Katze und Hund haben auch überlebt. Sie schreibt ihren Bericht (wie Kapitän Scott sein Tagebuch) ins Aussichtslose, und wir lesen bang und ergriffen, folgen ihrem Kampf ums tägliche Überleben, lesen, lesen, folgen ihren Reflexionen: »Schon heute bin ich ja nicht mehr der Mensch, der ich einmal war.« Und: »Schwarzes Brot ist für mich eine unvorstellbare Köstlichkeit geworden.« Und: »Ich weiß ja auch, dass ich, wie jede Kreatur, einmal sterben muss, aber meine Hände, meine Füße und meine Eingeweide wissen es noch nicht, und deshalb erscheint mir der Tod so unwirklich.« Und: »Ich möchte wissen, wo die genaue Uhrzeit geblieben ist, jetzt, da es keine Menschen gibt.« Und: »Ich erinnere mich sehr gut, wie wenig Phantasie die meisten Menschen besaßen. Wahrscheinlich war das ein Glück für sie. Phantasie macht den Menschen überempfindlich, verletzbar und ausgeliefert.«

Es ist ein bitteres Buch (ich habe es anfangs schon erwähnt), dieser 1983 veröffentlichte Roman *Die Wand* von Marlen Haushofer.

Mit diesem Hinweis auf eine für Jugendliche schwer erreichbare Literatur (weil dies unsere Marktordnung so anbietet), möchte ich mich von unseren Zwanzigjährigen verabschieden.

Ein Fazit ist vielleicht: Kindern und Jugendlichen muss mehr zugemutet werden, etwas, das ihre Erfahrungen überschreitet. Dazu zähle ich auch Bücher, die über den Holocaust berichten. Sie sind für *jeden* Leser eine große Belastung. So erfahren auch Kinder und Jugendliche von schrecklichen Ereignissen, die unverrückbar wahr sind und die in diesem Ausmaß keine Literatur der Welt je zuvor aufgezeichnet hat. Kann man Kindern dies zumuten? Mirjam Pressler sagte einmal in diesem Zusammenhang: »Wir, unsere Kinder, meine Kinder, können es mit vollem Bauch in einem warmen Zimmer lesen. Was heißt da zumuten!«

So bleibt auch ein Buch in unserem Gedächtnis, es erschien 1992 in einem kleinen Verlag und wäre vielleicht unbemerkt geblieben, hätte es nicht Marcel Reich-Ranicki ins »Literarische

Quartett« genommen. Ruth Klüger schreibt in *weiter leben* über ihre jüdische Mädchen-Kindheit in Wien, über die Auseinandersetzung mit ihrer Mutter, über die gemeinsame Deportation nach Theresienstadt und Auschwitz und schließlich, wie ihr das zufällige Weiterleben gelang, weil sie sich älter machte, als sie war. Und Gedichte, eigene und solche, die sie schon auswendig wusste, waren ihre einzige Hilfe. Dieses Buch fordert die Biographie des jugendlichen Lesers heraus. Wo war ich? Ich war, als dies geschah, noch nicht auf der Welt, aber meine Eltern, Großeltern lebten.

Der wohl eher verspätete Einbruch der Holocaust-Literatur in den mehr oder weniger geordneten Garten unserer Kinder- und Jugendliteratur (ich will es mal so sehen) hat unser Literaturverständnis verändert. Viele wurden erst zu Autoren, nachdem sie zuvor Augenzeugen waren und – überlebten, um sich dann, oft nach langem Zögern und schwerem Erlebensdruck, ihrer Sprache anzuvertrauen, um zu schildern, was eigentlich nicht zu schildern ist. Das ist etwas außerhalb jeglicher Normalität. Auch für den Leser. Und doch sprechen wir ganz normal von der so genannten Holocaust-Literatur.

Zohar Shavit hat mit ihrer Kritik an der deutschsprachigen Literatur zum Thema Vertreibung der Juden den Finger in eine Wunde gelegt. Aber es handelt sich vorwiegend um Literatur der 60er- und 70er-Jahre; sie will den Fortschritt in dieser Sache nicht erkennen. Vieles wurde ja erst in den 90er-Jahren geschrieben und übersetzt. Die Verlage edierten inzwischen zahlreiche Bücher, vorwiegend aus dem Niederländischen und aus der israelischen Literatur, und machten diese Bücher zu einem gewichtigen Teil der deutschen Literatur, was letzten Endes auch eine Leistung der Übersetzerin Mirjam Pressler ist. Wir haben es begriffen und nichts ist mehr wie vorher.

Der Wirkung von Literatur auf Leser und Leserinnen habe ich verschiedene Aspekte abgewonnen. Sie merken, das Thema ist unendlich, wir können es nicht ausschöpfen. Aber versuchen können wir es doch.

Der Schriftsteller Wolfgang Koeppen berichtet, wie er einmal von Schülern gefragt wurde: »Warum schreiben Sie?« Er sagte: »Ich weiß es nicht.« Und fügt dann hinzu: »Die Antwort befriedigte weder mich noch die Kinder, die ich ernst nahm und nun enttäuschte. (...) Hätte ich lügen sollen? – Ich schreibe, um meinen Lebensunterhalt zu verdienen – um die Welt zu ändern – um alles besser zu machen – um vor Gefahren zu warnen – von Freundlichkeit zu predigen – Frieden zu fordern – Gerechtigkeit zu fordern – oder einfach, um Geschichten zu erfinden, weil es mir Spaß macht. All diese Antworten waren möglich und waren falsch. Der Schreibende stellt sich als Beobachter des Lebens mit seinen Empfindungen, seinem Entsetzen, dem mannigfaltigen Leiden, dem Mitgefühl, dem Zorn an einen archimedischen Punkt außerhalb der Menschheit. Er ist verführt, die Welt aus den Angeln zu heben, in der Gewissheit, wie aussichtslos dieses Unternehmen doch wäre.«[9] Wolfgang Koeppen spricht vom Schreiben, genauso könnten wir auch vom Lesen sprechen!

Elke Heidenreich, die bekannte Journalistin, rezensierte (im »Spiegel« Nr. 12/200) unter der Überschrift »Die Frostbeulen der Seele« das autobiographische Buch *Nur nicht unsichtbar werden* von Nuala O'Faolain, ein irisches »extremes, ergreifendes Frauenleben«. Elke Heidenreich beklagt in ihrer Rezension Kindheits- und Frauenleben in den 50er-Jahren, wie sie selbst es erlebt hat, »wie gefährlich es für Töchter ist, das Leben ihrer Mütter zu wiederholen«. Sie schreibt: »Es ist ein Buch über das Glück des Lesens und die lebensrettende Wirkung von Literatur«, und beendet ihre Rezension mit dem Satz: »Hier zählen die Leser, die etwas von ihrem eigenen Leben wiedererkennen.«

Das erinnert mich an die Welle der Frauenbücher, die in den 70er- und vor allem 80er-Jahren begann und in den 90er-Jahren verebbte. Ein Schlüsselbuch dieses Themas, *Häutungen* von Verena Stefan, las ich 1975, darin der Satz: »Die sprache versagt, sobald ich über neue erfahrungen berichten will. (…) jedes wort muss gedreht und gewendet werden, bevor es benutzt werden kann – oder weggelegt wird.« Es war ein unglaublicher Aufbruch von Literatur, die direkt ins alltägliche Leben ging. Es gab neue Verlage, eigene Buchreihen für Frauen. Vielleicht ist bisher keine Literatur so autobiographisch geworden wie eben diese. Frauen, die diese Bücher lasen, wurden von ihrem Lesen beeinflusst, inspiriert und haben manchmal auch in ihrem Leben etwas verändert. Wenn es einen Beweis von Wirkung der Literatur auf die Leserin gibt, dann ist es diese Frauenliteratur. Was hat die Töchter-Generation, die diese Literatur ja auch gelesen hat (wenn sie nicht noch mit Jugendbüchern beschäftigt war), davon verinnerlicht?

»Lesen Frauen anders?« Diese Frage stellte Ruth Klüger 1994 in ihrem Vortrag in der Heidelberger Universität. Eine Frage, die früher noch nicht einmal gedacht wurde; heute ist sie natürlich mit Ja zu beantworten: Frauen sind andere Leser als Männer, Leserinnen eben. Welt will gelesen werden. Männliche Sicht ist nicht falsch, sie hat aber jeglichen Anspruch auf Dominanz verloren. Auch weibliche Sicht ist nicht falsch und hat ebenso keinen Anspruch auf Dominanz. Nur, männliche Sicht der Sprache auszutreiben will einfach nicht gelingen. Ein Erzähler erzählt eine Geschichte. Damit fängt es an. Wird er, der Erzähler (wird sie, die Erzählerin) seine (sie ihre) Geschichte so erzählen können, dass sie beiden Geschlechtern wahr sein kann?

Der bereits erwähnten Biographie von Marlen Haushofer stellt die Autorin ein Zitat von Thomas Bernhard voran: »Alle leben mindestens drei Leben, ein tatsächliches, ein eingebildetes und ein nicht wahrgenommenes.« Genau dies ist ja das endlose Thema der Literatur. Und damit schließt sich der Kreis. »Geschichten sind die Grundnahrung der Seele«, sagt Paul Auster in einem Interview. »Ohne Geschichten können wir nicht leben. Auf die eine oder andere Weise lebt jeder Mensch davon, vom zweiten Lebensjahr bis zu seinem Tod.«[10]

Nach der Lektüre fängt das Rühmen an. Nicht selten wird Literatur von Lesern nacherzählt und weitergereicht – also Literatur vom Hörensagen. Meine Frau führt seit 21 Jahren ein Lesetagebuch. Was sie an Büchern gelesen hat, wird darin notiert, gelobt, kritisiert, bedacht. Entstanden ist so eine Art Atlas biographischen Lesens: Orte, Namen, Inhalte, Schicksale, Bewunderungen, Verwerfungen, Eindrücke, Zitate. Kann man mehr tun, um Leser zu sein?

Wolfgang Weyrauch schreibt in seiner Lyrikanthologie *Mein Gedicht ist die Welt* (1982) zu Gedichten und Dichtern der 20er-Jahre: »Diese hier warnten vor dem, was, wie sie wussten, kommen würde. Es kam. Ihre Rufe wären nicht umsonst gewesen, wenn ihre Leser nicht versagt hätten.« Ein Vorwurf, der Lesern ein schlechtes Zeugnis ausstellt: Sie lesen und begreifen nicht.

Als Nazi-Deutschland seinen finsteren Schnitt machte und viele Autoren in die Emigration trieb, kursierte in Paris unter den Emigranten ein Gedicht von Bertolt Brecht, darin heißt es, wie ein Hoffnungsschimmer:

» …: Dass das weiche Wasser in Bewegung
Mit der Zeit den mächtigen Stein besiegt.
Du verstehst, das Harte unterliegt.«

Hannah Arendt konnte dieses Gedicht *Legende von der Entstehung des Buches Taoteking auf dem Weg des Laotse in die Emigration* auswendig. Zu Anfang heißt es dort:

»Und er packte ein, was er so brauchte:
Wenig. Doch es wurde dies und das.
So die Pfeife, die er immer abends rauchte
Und das Büchlein, das er immer las.
Weißbrot nach dem Augenmaß.«

Dieses »Büchlein, das er immer las«, was mag es wohl für ein Büchlein gewesen sein? Schade, dass es Brecht nicht mitteilt! Aber finden wir es für uns selbst – nach dem Augenmaß!

Es starb (ich zitiere die FAZ) mit 91 Jahren William Maxwell, Autor und einer der großen Lektoren der amerikanischen Literatur. In einem Interview sprach der alte Mann von den angenehmen Seiten des Sterbens, fügte dann aber plötzlich hinzu: »Was nur diese heitere Phantasie verdirbt, ist die Tatsache, dass mir plötzlich einfällt: Wenn man tot ist, liest man keine Bücher mehr. Das finde ich unerträglich.«

Warum ist Bücherlesen biographisch? – Ich hoffe, ich habe es vermitteln können. Ich für meine Person konnte Wirkungen der Bücher in mehrfacher Hinsicht erkunden, eigentlich seit ich lesen kann. Und ich habe erlebt, wie Bücher ein Leben retten können. Dies nur kurz: Damals, Kriegsende in Wien. Ich als Vierzehnjähriger erlebte, wie russische Soldaten und ihr Offizier bei der Wohnungsdurchsuchung nur deshalb nicht die Pistole fanden, die mein Vater dort mit meinem Wissen versteckt hatte, weil der Offizier, von den Ein-Meter-fünfzig Büchern meines Vaters abgelenkt, plötzlich stehen blieb. Er nahm einige Bücher in die Hand und sagte: »Ah, Dostojewski, Tolstoi – gut, sehr gut!« Somit glaube ich an die Magie der Bücher. Auch ungelesen, durch ihr Dasein, schützen sie uns.

2005

Kleines Utopia

Zur Zukunft der Kinderliteratur

für Klaus Doderer

Zukunft – so fern und doch so nah! Wir haben uns angewöhnt, Zukunft schon in der Gegenwart zu suchen. Und wissen wenig von den Dingen, die wir lieben. Und brauchen so viele Jahre, bis wir begreifen, dass wir gewissermaßen auf den Schultern unserer Vorgänger stehen. Von ihnen haben wir übernommen, was uns brauchbar schien, und wieder andere, nach uns, werden von uns nehmen, was für sie brauchbar ist. So, nur so wachsen wir in die Zukunft.

Vor einiger Zeit, als uns die Welt erklärt wurde, waren wir selbst noch Kinder. Ein Leben im Handumdrehen, könnte man sagen. Weil die Welt aber sich laufend verändert, muss sie laufend neu formuliert werden. Das gilt im höchsten Maß für die Literatur, die wir den Kindern widmen. In der Kindheit sind alle Bücher Wahrsagungsbücher. Ich wüsste, auch in der Zukunft nicht, keine schönere Aufgabe als eben diese – Kindern die Welt zu erklären. Wie aber wird Welt erklärbar und all das, was wir darin tun?

Davon müssen wir ausgehen, dass keine Macht unsere Probleme löst, wenn wir sie nicht selbst lösen. Die Wurzel und die Kraft dazu entstehen in der Kindheit. Kinderliteratur – sie ist ja intensiv mit Kindern befasst – macht immer die ersten Schritte, kleine, große, wichtige Schritte. Darin ist sie unser Meister. Es gibt keine Entschuldigung für schlechte Kinderbücher.

Hätten wir die Möglichkeit, andere Welten als die unsere vergleichsweise kennenzulernen – und das tun wir ja unausgesetzt in unserer Phantasie –, erst im Erzählen könnten wir sie begreifen, nämlich in Geschichten, Berichten, Bildern, Gedichten. Denn wir wissen ja, Gentechnik, Hirnforschung, 100.000 technische Erfindungen pro Jahr und so weiter können nicht vergessen machen, dass wir, um überleben zu können, Nahrung brauchen, also auch Geschichten. Auch solche, die wir Kindern erzählen. »Leben, um davon zu erzählen.« Mit anderen Worten: Unsere Geschichten können wir nicht den Computern und ihren erfolgsorientierten Gesellen überlassen.

Eine Geschichte hat mich berührt. Nikolaus Heidelbach hat sie mir von seinem Sohn Alfred erzählt, der einmal, als er noch klein war, fragte: Wer hat das allererste Wort erfunden? – Das erste Wort, das erste Wort, wie meinst du das? – Das allererste Wort, das muss doch einer zuerst gesagt haben! – Nun ja, ich weiß nicht … – Ich weiß es aber, das allererste Wort heißt: Du!

Vormenschliche Fußabdrücke, vor 3 Millionen Jahren entstanden, sind genauso aufregend wie zukünftige menschliche Abdrücke auf dem Mars. Der Zukunft eine Sonde schicken, wie schon geschehen, darin die Erklärung unserer Welt, zum Beispiel die Goldberg-Variationen, gespielt von Glenn Gould – da stelle ich mir vor, dass auch Kinderliteratur eine Erklärung ist. Was also werden Zukünftige mit einem Buch wie *Alice im Wunderland* anfangen? Ich vermute, sie werden, wie wir es bereits getan haben, sorgfältig prüfen, was sie vorfinden. Auch ihre Geschichten werden sie der Sprache anvertrauen und vielleicht mit Worten beginnen wie: »Eines Tages …«

Sicher aber behalten auch Guntram Vespers Verse *An einen Freund* eine Bedeutung: »Setz dich. / Schreib auf / dies und das: / alles ist wichtig. / Morgen könnte / die Schrift abgeschafft sein / sie zittert schon.«

Wie sollen junge Leute wissen, was wir verloren haben, wenn sie gar nicht wissen, was wir verloren haben? Jede Literatur braucht ihren großen Aufbruch – von Zeit zu Zeit. Ich stelle mir vor, es entsteht eine Kinderliteratur, die hilft, aus dieser verquasselten Welt herauszufinden. Immerfort muss der Erwachsene als Erfinder, Schreiber, Erzähler, Bildner dieser einzigartigen Literatur des Anfangs und des Werdens auf der Hut sein, damit er nicht als Fälscher auftritt.

Drei Angebote der Kinderliteratur:

Sie will wahrhaftig sein, zu jeder Zeit. Sie braucht Sprache und verlässt sie nicht. Sie gibt uns Bilder.

Der fürchterlichste Irrtum ist ja, dass manche Autoren und ihre Verleger meinen, Bücher für Kinder wären wie gutverkäufliche Süßigkeiten zu handhaben – was schon Johann Gottfried Seume Anno 1802 in seinem »Spaziergang« zutiefst bedauert: »Aber immer nur Milchspeise für Kinder«!

Und mein Freund Egbert Herfurth pflegt bei entsprechendem Anlass zu sagen: »Das Buch hat pädagogischen Mundgeruch!«

Schreiben wir der Zukunft ein neues ABC (wie es uns Wolfgang Weyrauch wiederholt vorgemacht hat). Was Kinder brauchen, liegt doch auf der Hand (ich zitiere aus der Mini-Anthologie *Lebensmittel* mit Autorentexten, herausgegeben von Armin Abmeier und Rotraut Susanne Berner), Kinder brauchen, in Sprache und Bild gebracht: Baum – Bett – Brot – Buch – Familie – Ferien – Freunde – Haus – Hemd & Hose – Licht – Liebe – Luft – Milch – Musik – Papier – Ruhe – Schrank – Schuhe – Schule – Seife – Sonne – Spiel – Stift – Tiere – Tisch & Stuhl – Wärme – Wasser.

Zukünftig geht es ganz entschieden darum, genau diese elementaren und archaischen Dinge zu verteidigen. Was wir brauchen, ist eine neue Poetik, die Widerstand leistet und sich nicht vereinnahmen lässt. Das Copyright hierfür liegt nicht bei der Firma Globalkonsum, sondern nach wie vor bei den Autoren. Doch alles Reden über die Zukunft ist wie ein Klopfen an der noch verschlossenen Tür. Öffnet sie sich, wissen wir nicht, was geschehen wird. Mit Sicherheit werden aber Autoren und Autorinnen – heute sind sie noch unbekannt – etwas zu erzählen haben. Das ist jedenfalls unsere Hoffnung.

2005

Quellennachweis

Lesen – Bücher – Bilder – Kinder (Seite 11)

Vortrag im Bilderbuchmuseum Burg Wissem, Troisdorf, am 3./4. Mai 2002

[1] Jürg Schubiger aus: Lesezeichen, Mitteilungen des Lesezentrums der Pädagogischen Hochschule Heidelberg, Heft 6, Heidelberg 1999

[2] Hans Christian Andersen, Märchen »Der fliegende Koffer«, 1839

[3] Eines Tages. Geschichten von Überallher. Gesammelt von Hans-Joachim Gelberg. Beltz & Gelberg in der Verlagsgruppe Beltz, Weinheim · Basel 2002

[4] Eines Tages. Geschichten von Überallher. (s.o.)

Als die blauen Elefanten geschlachtet wurden (Seite 18)

Beitrag für JuLit, Informationen Arbeitskreis für Jugendliteratur, H. 4, Oktober 1998

[1] Nix bleibt wie's ist. Zukunftsgeschichten. Gesammelt von Klaus Doderer. Verlag Roje & Buer, Geldern 1991

[2] »Kinder erzählen selbst!« Leitmotiv zum Erzählwettbewerb für Kinder des 1981 begründeten Magazins *Der Bunte Hund* – mit dem Erfolg, dass Kinder unterschiedlichen Alters mittlerweile weit über 2000 Geschichten zu vorgestellten Bildern geschrieben und eingeschickt haben. Auskunft gibt die Auswahlsammlung *Von hier aus müssen wir fliegen. Kinder erzählen selbst.* Hrsg. von Barbara Gelberg. Gulliver Taschenbuch, Beltz & Gelberg in der Verlagsgruppe Beltz, Weinheim · Basel 1998

[3] Hartmut von Hentig, Ein Nach-denk-Wort für die Eltern. Gertraud Middelhauve Verlag, Köln 1972

[4] F. K. Waechter, Mein Lebenslauf. Programmheft zum Theaterstück *Luzi*, Schauspielhaus Frankfurt, Premiere am 14.12.1995

Aus eigener Sicht – meine Bilder als Verleger (Seite 33)

Vortrag im Rahmen der Ringvorlesung »Texte lesen – Bilder sehen«, Carl-von-Ossietzky-Universität in Oldenburg, am 27.11.2002

[1] Robert Gernhardt, Innen und Außen. Bilder, Zeichnungen, über Malerei. Haffmanns Verlag, Zürich 1988

[2] Rainer Malkowski, Im Dunkeln wird man schneller betrunken. Hinterkopfgeschichten (Seite 25). Verlag Nagel & Kimche, Zürich 2000

[3] Paul Flora, Dies und das, Nachrichten und Geschichten (Seite 139). Diogenes Verlag, Zürich 1997

[4] Leo Lionni, Zwischen Zeiten und Welten. Autobiographie. Gertraud Middelhauve Verlag, München 1998

[5] Interview in »1000 und 1 Buch«, Magazin für Kinder- und Jugendliteratur (Wien), H.4/04

Kleine Schule des Sehens (Seite 69)

Vortrag anlässlich der Vergabe des Illustrationspreises für Kinder- und Jugendbücher (Gemeinschaftswerk der Evangelischen Publizistik) im Römer, Frankfurt am Main, am 21.9.2000

[1] Großer Ozean. Gedichte für alle. Bilder, Fotos, Illustrationen. Hrsg. von Hans-Joachim Gelberg. Beltz & Gelberg in der Verlagsgruppe Beltz, Weinheim · Basel 2000

[2] John Berger, Der gezeichnete Augenblick. Aus: Ders., Das Sichtbare und das Verborgene. Essays. Fischer Taschenbuch Verlag, Frankfurt am Main 1999

[3] Vincent van Gogh, Sämtliche Briefe, Bd. 4. Lamuv Verlag, Bornheim 1985

[4] Alberto Giacometti, Gestern, Flugsand. Schriften. Verlag Scheidegger & Spiess, Zürich 1999

[5] E. H. Gombrich, Die Geschichte der Kunst. S. Fischer Verlag, Frankfurt am Main 1996

[6] Wieland Schmied (Hrsg.), Hort Janssen – Ich bin nur ganz Auge. Zeichnungen und Radierungen. Katalog aus dem Käthe-Kollwitz-Museum, Berlin 1997

[7] Wer mehr über den Erzählwettbewerb des Bunten Hundes erfahren will, sei verwiesen auf das Gulliver Taschenbuch *Von hier aus müssen wir fliegen. Kinder erzählen selbst.* Hrsg. von Barbara Gelberg. Beltz & Gelberg in der Verlagsgruppe Beltz, Weinheim · Basel 1998

[8] Paul Flora, Was ist schön? Antwort auf eine Umfrage. Aus: Dies und das, Nachrichten und Geschichten. Diogenes Verlag, Zürich 1997

[9] Nadia Budde, Eins Zwei Drei Tier. Peter Hammer Verlag, Wuppertal 1999

[10] Albrecht Rissler, Zeichnen. Unterwegs mit Stift und Skizzenbuch. Callwey Verlag, München 1995

[11] Michele Lemieux, Gewitternacht. Beltz & Gelberg in der Verlagsgruppe Beltz, Weinheim · Basel 1996

[12] Walter Schmögner, Das Guten Tag Buch. Insel Verlag, Frankfurt am Main 1974

[13] W. G. Sebald, Logis in einem Landhaus. Essays. Carl Hanser Verlag, München 1998

[14] Walter Benjamin, Gesammelte Schriften, Bd. IV, 2 Aussicht ins Kinderbuch. Suhrkamp Verlag, Frankfurt am Main 1972

[15] Reiner Kunze, Der blitz in unserem namen. Aus: An mein Kind. Ausgewählt von Cordula Gerhard. Insel Verlag, Frankfurt am Main 1998

[16] Dieter Brembs, Brembs' Tierleben. Vierhundertsiebenundzwanzig und einige mehr unmögliche Tiere zum Schutz derselben versammelt und vorgestellt, gezeichnet und beim Namen genannt sowie mit den nötigen Erklärungen versehen. Beltz & Gelberg in der Verlagsgruppe Beltz, Weinheim · Basel 1974

Warum Gedichte, warum Gedichte für Kinder? (Seite 80)

Beitrag Katechetische Blätter, München, im Dezember 2001

[1] Hans Manz, Die Welt der Wörter. Sprachbuch für Kinder und Neugierige. Im Anhang: Beiträge zum Werk des Autors. Beltz & Gelberg in der Verlagsgruppe Beltz, Weinheim · Basel 1991

[2] Großer Ozean. Gedichte für alle. Bilder, Fotos, Illustrationen. Hrsg. von Hans-Joachim Gelberg. Beltz & Gelberg in der Verlagsgruppe Beltz, Weinheim · Basel 2000

[3] Ivan Goll, surrealistisches Manifest – Befreiung auch der Sprache aus den Fesseln der Logik durch Poesie, die das unerwartete, überraschende Bild hervorbringt.

[4] Jürg Schubiger, Wo ist das Meer? Geschichten mit Bildern von Rotraut Susanne Berner. Beltz & Gelberg in der Verlagsgruppe Beltz, Weinheim · Basel 2000

[5] Christoph Meckel, Von den Luftgeschäften der Poesie. Frankfurter Poetikvorlesungen. edition suhrkamp 1578, Suhrkamp Verlag, Frankfurt am Main 1989
[6] Ossip Mandelstam, Über den Gesprächspartner. Gesammelte Essays 1913–1924, Fischer Taschenbuch Verlag, Frankfurt am Main 1994
[7] Großer Ozean. Gedichte für alle. (s. o.)
[8] Josef Guggenmos, Oh,Verzeihung sagte die Ameise. Gedichte und Geschichten mit Bildern von Nikolaus Heidelbach. Beltz & Gelberg in der Verlagsgruppe Beltz, Weinheim · Basel 1990
[9] Großer Ozean. Gedichte für alle. (s. o.)
[10] Pablo Neruda, Buch der Fragen. Aus: Letzte Gedichte. Hrsg. von Karsten Garscha, Luchterhand Literaturverlag, Darmstadt 1988
[11] Mario Wirz, Das Herz dieser Stunde. Gedichte. Aufbau Verlag, Berlin 1997
[12] Ilse Aichinger in einem Brief vom 20.1.73 an Wolfgang Hildesheimer. Aus: Wolfgang Hildesheimer, Briefe. Suhrkamp Verlag, Frankfurt am Main 1999
[13] Günter Eich, Rede vor den Kriegsblinden (1953); Der Schriftsteller vor der Realität (1956). Aus: Ders., Gesammelte Werke, Bd. 4. Suhrkamp Verlag, Frankfurt am Main 1991

Das Salz der Verse *(Seite 87)*

Beitrag für JuLit, Informationen Arbeitskreis für Jugendliteratur, H. 1, im Januar 2003

Das große A liegt auf dem Tisch *(Seite 95)*

Beitrag für »Beiträge Jugendliteratur und Medien«, Oktober 2005/Januar 2005
[1] Paul Celan, Der Meridian. Rede anlässlich der Verleihung des Georg-Büchner-Preises am 22.10.1960
[2] Günter Eich, Der Schriftsteller vor der Realität. Vortrag von 1956
[3] Erwin Chargaff, Alphabetische Anschläge: Buchstabe L: Lasst euch nicht blöd machen! Klett-Cotta Verlag, Stuttgart 1989
[4] Durs Grünbein, Warum schriftlos leben. Vortrag aus: Warum schriftlos leben. edition suhrkamp, Suhrkamp Verlag, Frankfurt am Main 2003
[5] Das Bilderbuch in Versen. Bilder von Nicola Bayley, Verse von Elisabeth Borchers. Insel Verlag, Frankfurt am Main 1975
[6] Alle Tage immer wieder. Kalendermerkbuch mit Versen von Frantz Wittkamp. Beltz & Gelberg in der Verlagsgruppe Beltz, Weinheim · Basel 1990
[7] Sharon Creech, Der beste Hund der Welt. Fischer Schatzinsel, S. Fischer Verlag, Frankfurt am Main 2003
[8] Durs Grünbein, Das erste Jahr. Berliner Aufzeichnungen. Suhrkamp Verlag, Frankfurt am Main 2001
[9] Großer Ozean, Gedichte für alle. (s. o.)
[10] Großer Ozean, Gedichte für alle. (s. o.)
[11] Ernst Jandl, Ein bestes Gedicht (Beitrag für eine Schulfunksendung des Bayerischen Rundfunks, 1978); siehe auch: Großer Ozean, Gedichte für alle. (s. o.)
[12] Wolfgang Brenneisen, Interpretation des Jandl-Gedichts *Versenken*. Aus: Frankfurter Anthologie Bd. 19. Insel Verlag, Frankfurt am Main 1996
[13] Josef Guggenmos, Apfel aus meinem Garten. Aus: Ders., Katzen kann man alles sagen. Neue Gedichte. Beltz & Gelberg in der Verlagsgruppe Beltz, Weinheim · Basel 1997

[14] Stimmen im Kanon. Deutsche Gedichte. Ausgewählt von Ulla Hahn. Reclam Verlag, Stuttgart 2003
[15] Andreas Thalmayr (d. i. H. M. Enzensberger), Lyrik nervt! Erste Hilfe für gestreßte Leser. Carl Hanser Verlag, München 2004
[16] Hans-Joachim Gelberg, Das neue Kindergedicht. Nachwort aus: Die Stadt der Kinder. Gedichte für Kinder in 13 Bezirken. 243 Gedichte von 67 Autoren. Hrsg. von Hans-Joachim Gelberg. Georg Bitter Verlag, Recklinghausen 1969
[17] Hans Manz, Die Welt der Wörter. Sprachbuch für Kinder und Neugierige. Beltz & Gelberg in der Verlagsgruppe Beltz, Weinheim · Basel 1991
[18] Ernst Jandl, Aufgaben. (Antwort auf eine Umfrage, 1970). Aus: Ders., Gesammelte Werke, Bd. 3. Luchterhand Literaturverlag, Darmstadt 1985

Das erzählte Kind (Seite 106)

Vortrag anlässlich der Herbsttagung des Österreichischen Buchclubs, Murnau in der Steiermark, 18. – 20. Oktober 2001
[1] Walter Benjamin, Altes Spielzeug. Aus: Ders., Gesammelte Schriften, Bd. IV/1. Suhrkamp Verlag, Frankfurt am Main 1972
[2] Christine Nöstlinger, Jeder hat seine Geschichte. Rede in der Frankfurter Universität vom 12. Juni 1992
[3] Astrid Lindgren, Warum schreibt man Kinderbücher? Aus dem Manuskript. Stockholm 1983
[4] Mirjam Pressler, Dankesrede für die Carl-Zuckmayer-Medaille. Aus dem Manuskript. Mainz 2001
[5] Astrid Lindgren, Warum schreibt man Kinderbücher? Aus dem Manuskript. Stockholm 1983
[6] Peter Bichsel, Und vielen Dank auch für das schöne Kinderbuch. Aus: Ders., Schulmeistereien. Luchterhand Literaturverlag, Darmstadt 1969, 1985
[7] Erwin Moser, Großvaters Geschichten oder Das Bett mit den fliegenden Bäumen. Beltz & Gelberg in der Verlagsgruppe Beltz, Weinheim · Basel 1981
[8] Wolf Erlbruch, Nachts. Peter Hammer Verlag, Wuppertal 1999
[9] Lewis Carroll, Alice im Wunderland. Insel Verlag, Frankfurt am Main 1963
[10] Maurice Sendak, Higgelti Piggelti Pop! oder Es muss im Leben mehr als alles geben. Diogenes Verlag, Zürich 1969
[11] Maurice Sendak, Ganz persönliche Gedanken. Aus: Ders., Caldecott & Co. Fischer Taschenbuch, Frankfurt am Main 1999
[12] Paul Maar, Der Aufzug. Aus: Daumesdick. Neuer Märchenschatz mit vielen Bildern. Hrsg. von Hans-Joachim Gelberg. Beltz & Gelberg in der Verlagsgruppe Beltz, Weinheim · Basel 1990
[13] Christine Nöstlinger, Eine mächtige Liebe. Geschichten für Kinder. Beltz & Gelberg in der Verlagsgruppe Beltz, Weinheim · Basel 1991
[14] Jürg Schubiger, Wo ist das Meer? Geschichten mit Bildern von Rotraut Susanne Berner. Beltz & Gelberg in der Verlagsgruppe Beltz, Weinheim · Basel 2000
[15] Paul Auster, Die Kunst des Hungers. Essays und Interviews. Rowohlt Taschenbuch Verlag, Reinbek bei Hamburg 2000

Lesen als Biografie – vom Einfluss der Literatur (Seite 122)

Vortrag anlässlich der 36. Tagung des Internationalen Instituts für Jugendliteratur, Wien, 21. – 25.8.2000 in Steyr

[1] Heinrich Heine, Sämtliche Schriften, Bd. 7 (Schriften 1837–1844). Carl Hanser Verlag, München 1976

[2] Bernward Vesper, Die Reise. Romanessay. März Verlag, Frankfurt am Main 1975

[3] Aus dem Vorwort zu: William Carlos Williams, Die Autobiographie. Carl Hanser Verlag, München 1994

[4] Aus dem Vorwort zu: Jean-Henri Fabre, Das offenbare Geheimnis. Aus dem Lebenswerk des Insektenforschers. Hrsg. von Kurt Guggenheim und Adolf Postmann. Artemis Verlag, Zürich 1961

[5] Michael Maar, Die Feuer- und die Wasserprobe. Essays zur Literatur. Suhrkamp Verlag, Frankfurt am Main 1997

[6] Vladimir Nabokov, Die Kunst des Lesens. Meisterwerke der europäischen Literatur. Fischer Taschenbuch, Frankfurt am Main 1991

[7] Francesco Micieli, Ich weiss nur, dass mein Vater große Hände hat. Das Lachen der Schafe. Meine italienische Reise. Trilogie. Zytglogge Verlag, Bern 1998

[8] Peter Bichsel, Und vielen Dank auch für das schöne Kinderbuch (von 1969). Aus: Schulmeistereien. Luchterhand Literaturverlag, Darmstadt 1985

[9] Wolfgang Koeppen, Ich bin gern in Venedig warum. Suhrkamp Verlag, Frankfurt am Main 1994

[10] Paul Auster, Die Kunst des Hungerns. Essays und Interviews. Rowohlt Taschenbuch Verlag, Reinbek bei Hamburg 2000

Kleines Utopia (Seite 147)

Forum »Die Zukunft der Kinder- u. Jugendliteratur« im Jagdschloss Kranichstein bei Darmstadt, anläßlich des 80. Geburtstages von Klaus Doderer, am 20.1.2005

Julia Kaergel

Anthologien, »Jahrbücher der Kinderliteratur« von Hans-Joachim Gelberg

Bunter Kinderreigen. 188 neue und alte Verse und Reime zum Spielen und Singen für alle Tage. Würzburg: Arena 1966. *Auswahlliste Deutscher Jugendliteraturpreis 1967*

Kinderland Zauberland. Hundert und eine Geschichte für Kinder von 6 bis 99 Jahren mit vielen Bildern von Günther Stiller. Recklinghausen: Paulus 1967. *Ehrenliste Europäischer Jugendbuchpreis »Citta di Caorle« 1969, Auswahlliste Deutscher Jugendliteraturpreis 1970*

Die Stadt der Kinder. Gedichte für Kinder in 13 Bezirken. 243 Gedichte von 67 Autoren. Recklinghausen: Bitter 1969. *Auswahlliste Deutscher Jugendliteraturpreis 1970. Premio Europeo di Letteratura Trento 1973*

»Geh und spiel mit dem Riesen«. Erstes Jahrbuch der Kinderliteratur. Geschichten. Bilder. Gedichte. Rätsel. Texte. Spiele. Szenen. Comics. Beltz & Gelberg in der Verlagsgruppe Beltz, Weinheim · Basel 1971. *Deutscher Jugendliteraturpreis 1972*

Am Montag fängt die Woche an. Zweites Jahrbuch der Kinderliteratur. Geschichten. Bilder. Texte. Szenen. Comics. Rätsel. Spiele. Nachrichten. Gedichte. Beltz & Gelberg in der Verlagsgruppe Beltz, Weinheim · Basel 1973

Bilder Buch Nr. 1. Erster Jahresband Bildergeschichten & Comics. Beltz & Gelberg in der Verlagsgruppe Beltz, Weinheim · Basel 1973

Menschengeschichten. Drittes Jahrbuch der Kinderliteratur. Texte. Lebensbilder. Erzählungen. Gedichte. Beispiele. Märchen. Comics. Rätsel. Bilder. Fotos. Beltz & Gelberg in der Verlagsgruppe Beltz, Weinheim · Basel 1975. *Auswahlliste Deutscher Jugendliteraturpreis 1976*

Der fliegende Robert. Viertes Jahrbuch der Kinderliteratur. Erzählungen. Bilder. Gedichte. Märchen. Zukunftsgeschichten. Rätsel. Fotos. Kinderzeitung. Beltz & Gelberg in der Verlagsgruppe Beltz, Weinheim · Basel 1977. *Auswahlliste Deutscher Jugendliteraturpreis 1978*

Das achte Weltwunder. Fünftes Jahrbuch der Kinderliteratur. Erzählungen. Liebesgeschichten. Gedichte. Märchen. Texte. Briefe. Tagebuch. Werbung. Collagen. Spiele. Rätsel. Reime. Bilder. Fotos. Geheimnis-Lexikon. Beltz & Gelberg in der Verlagsgruppe Beltz, Weinheim · Basel 1979. *Auswahlliste Deutscher Jugendliteraturpreis 1980*

Eine Stadt geht über Land. Weinheimer Bildergeschichten. Beltz & Gelberg in der Verlagsgruppe Beltz, Weinheim · Basel 1980

Wie man Berge versetzt. Sechstes Jahrbuch der Kinderliteratur. Erzählungen. Märchen. Menschengeschichten. Gedichte. Fabeln. Rätsel. Fotos. Bildergeschichten. Zeichnungen und vieles mehr. Beltz & Gelberg in der Verlagsgruppe Beltz, Weinheim · Basel 1981

Neues vom Rumpelstilzchen und andere Haus-Märchen von 43 Autoren. Beltz & Gelberg in der Verlagsgruppe Beltz, Weinheim · Basel 1981

Augenaufmachen. Siebtes Jahrbuch der Kinderliteratur. Erzählungen. Gedichte. Märchen. Rätsel. Zukunftsgeschichten. Wörterzoo. Friedenstexte. Bilder und vieles mehr. Beltz & Gelberg in der Verlagsgruppe Beltz, Weinheim · Basel 1984

Überall und neben dir. Gedichte für Kinder in sieben Abteilungen. Mit Bildern von Künstlern. Beltz & Gelberg in der Verlagsgruppe Beltz, Weinheim · Basel 1986. *Auswahlliste Deutscher Jugendliteraturpreis 1987*

Die Erde ist mein Haus. Achtes Jahrbuch der Kinderliteratur. Bilder. Märchen. Liebesgeschichten. Gedichte. Fotos. Spuren. Rätsel. Beltz & Gelberg in der Verlagsgruppe Beltz, Weinheim · Basel 1988. *Preis der Deutschen Umweltstiftung 1990*

Daumesdick. Neuer Märchenschatz. Kinderbibliothek. Beltz & Gelberg in der Verlagsgruppe Beltz, Weinheim · Basel 1990

Was für ein Glück. Neuntes Jahrbuch der Kinderliteratur. Erzählungen. Gedichte. Rätselhaftes. Entwürfe. Bilder. Berichte. Menschengeschichten. Beltz & Gelberg in der Verlagsgruppe Beltz, Weinheim · Basel 1993

Oder die Entdeckung der Welt. Zehntes Jahrbuch der Kinderliteratur. Geschichten. Bilder. Märchen. Lebensbilder. Gedichte. Beltz & Gelberg in der Verlagsgruppe Beltz, Weinheim · Basel 1997. *Nominiert Deutscher Jugendliteraturpreis 1998*

Großer Ozean. Gedichte für alle. Mit Illustrationen, Bildern und Fotos. Beltz & Gelberg in der Verlagsgruppe Beltz, Weinheim · Basel 2000. *Ausgezeichnet beim Wettbewerb der Stiftung Buchkunst »Die schönsten deutschen Bücher« 2001. Bologna Ragazzi Award 2001. Nominiert Deutscher Jugendliteraturpreis 2001*

Eines Tages. Geschichten von überallher. Mit Illustrationen und Bildern. Beltz & Gelberg in der Verlagsgruppe Beltz, Weinheim · Basel 2002

Der Bunte Hund. Magazin für Kinder in den besten Jahren. Erscheint dreimal im Jahr. Beltz & Gelberg in der Verlagsgruppe Beltz, Weinheim · Basel, seit 1981

Werkstattbuch. Almanach zur Kinderbuchszene. Berichte, Texte, Bilder, Tatsachen, Proben, Informationen aus dem Programm Beltz & Gelberg. Allen Autoren des Verlags gewidmet. Weinheim: Beltz & Gelberg 1974

Nussknacker. Über Kinderbücher und Autoren … Werkstattbuch. Gulliver Taschenbuch 15. Weinheim: Beltz & Gelberg 1986

Aller Dings. Versuch, 25 Jahre einzuwickeln. Werkstattbuch zum Programm B&G. Im Anhang: Werkregister 1971–1995. Weinheim: Beltz & Gelberg 1996

Preise und Auszeichnungen

Deutscher Jugendbuchpreis für *»Geh und spiel mit dem Riesen«* (1972), Preis der Deutschen Umweltstiftung für das 8. Jahrbuch der Kinderliteratur *Die Erde ist mein Haus* (1990), Volkacher Taler der Deutschen Akademie Volkach (1997) für das Gesamtwerk als »innovativer Verleger, Förderer junger Talente und kenntnisreicher Herausgeber von Anthologien, besonders im Bereich der Kinderlyrik«, Anerkennung für herausgeberische Leistung durch Österreichischen Staatspreis für Kinderlyrik (1999), Österreichisches Ehrenkreuz für Wissenschaft und Kunst (2000), Bologna Ragazzi Award für *Großer Ozean, Gedichte für alle* (2001), Friedrich-Bödecker-Preis (2004).

Zeichnung von Jutta Bauer:
»Das rohe Ei auf dem Löffel
in der Obhut des Raben …
das möchte ich so gern haben …«

Günter Bruno Fuc

Seine *Wanderbühne* (1976) stattete Günter Bruno Fuchs mit 16 Holzschnitten aus, dies ist einer davon. Die »Geschenke« (auf Seite 160) sind ebenfalls aus der *Wanderbühne*.

Inhalt

*Anlass zum Druck dieses Bandes
ist der 75. Geburtstag von Hans-Joachim Gelberg,
der Reden und Artikel vor Druck neu durchgesehen
und hier und da ergänzt bzw. gekürzt hat.*

Frantz Wittkamp

Geschenke

Mein Hut, mein Esel und meine Rose gehören euch allen.
So auch mein Uhu, mein Igel, mein Schmetterling.
So auch die folgende Geschichte: Ein Fisch geht zu einem Löwen.
Der Fisch und der Löwe gehen zu einem Bären. Der Fisch,
der Löwe, der Bär gehen zu einem Baum, und der Baum sagt:
»Jetzt sind wir zu viert und können alles viermal machen!«
Nun schweigt der Baum, denn der Mond spricht mit einer
Gans über etwas ganz Neues.

Günter Bruno Fuchs